教你學懂八字

四柱八字輕鬆學

游焙楠——著

黃序

與游老師於中華道教學院相識三年有餘，得知其對八字命理的研究有數十餘年，進而請教一些相關八字的問題，確實有其深入與生活經驗突出之處頗多。

由於本人從事《易經》教學與研究也數十幾年，也出版過四本書，因此建議游老師能將畢生所學能貢獻出來，分享給愛好八字的同好，可以提升對八字的要義訣竅多一份之參考，因此他也欣然同意。

此書的內容重點在於十天干、十二月令的用神取用及忌神的提示，可以說是對初學以及進階的學員是相當有助益的，諸如甲丁庚、乙丙癸、丙辛壬、戊己甲丙癸、壬癸戊辛丙，天干的交互調候作用都有詳盡的提示，格局貴賤的分判。

本書的出版是游焙楠老師研究八字畢生的精華，相信一但出版獲得佳評是指日可待，因此個人樂於向社會大眾推薦讀此書必有助益。

中華道教學院易經講師　黃輝石

庚子年仲冬於周易道玄講堂

序

筆者賴以三十餘年之研究，五術、子平八字、擇日、陽宅風水佈局、姓名學，由於年事漸增，祈望能寫一本書，從基礎概論到精論至如何一個四柱八字能推算到準，此書是值得研究的工具書。

挫折使人謙卑，如果研究自己的八字不是高格局，那是會讓人感到挫折，而為了提升自己，最高的層次，就是「悟」。真正的勇者，挫折會使人更謙卑，弱者也許自甘墮落、自暴自棄，因為流淚會讓人看見，並不是勇者的表現。

本書範例：兩百四十篇四柱八字由十天干對照十二地支，調候用神精論，每一例四柱八字結尾均加上一則「大衍之數」以測吉凶，例為八字的參考，「大衍之數」方面由《易經》巨擘黃輝石老師指導與修正，在此向黃輝石老師致上真摯的感謝。

由於命理學系統不一，故此本精論以余氏調候用神、沈氏格局用神、干支刑沖會合、神煞、納音、玄通，柱運歲的刑沖與用神的象徵、六親與十神，子平八字日為主年為本，故云：主本保和未有貧賤之人。

四柱八字如五行不全，缺的剛好是喜用神，女命金豬、土猴以明、清年代的古典書籍雜入命術。古人批閱八字干透財官印，即論佳命，今以調候喜用透干成格為上上之造。

書中若有「誤植、校訂不清」之處，請不吝指教賜告。

二〇二〇年庚子季春游焙楠　謹識

目錄

【目 錄】

五術與子平法

子平法雖然由五術延伸，五術由「山、醫、命、卜、相」統稱，而子平法乍看是山、命、卜、相，缺少了「醫」，但子平法由《滴天髓》提到十天干與十二地支代表人體器官之五臟六腑。是乎也關係到「醫」，所以學精通子平法亦等同「五術」。

壹：基礎亦相同，很多人感到子平法易學難精，這原因是子平法的基礎規則沒能夠熟練。

一：天干地支的刑沖合會。
二：十神生剋，「比劫生食傷，比劫剋財，財剋印，官殺剋比劫。」
三：十神與六親，「正印是母親，正財是妻，偏財是父親。」
四：十干祿絕，「甲祿在寅絕於申，乙祿在卯絕於酉。」

貳：對於喜用神的涵義分辨清楚。

一：「格局用神」，指「順用、逆用」的原本用神。

二：「通關用神」指喜用神被剋制的「通關用神」。

三：「病藥」指忌神有剋，另有對治之神。

四：「調候用神」指「十天干」對「十二地支」的用神。

如果依前兩大項提示，做為子平法的標準，平均應該三至九個月即可通曉子平法了。

這一本書從基礎到精論，所用內容與講義，均在授課時經常用到，內容皆以踏實效益為主旨，以最短的時間，便有實務上的心得可見。

五行總論

本段專論五行，不言八神、四時氣候，古人代之以卦，名曰卦氣，至漢朝始易以五行生剋，卦氣合氣後方位言，今論五行亦宜會其意。

北方陰極生寒，寒生水。

南方陽極生熱，熱生火。

東方陽散以洩而生風，風生木。

西方陰止收而生燥，燥生金。

中央陰陽變而生溫，溫生土。其相生也相維，相剋也相制論有倫，五行代以四季配合方位。

北方亥子丑，冬季也。

南方巳午未，夏季也。

東方寅卯辰，春季也。

西方申酉戌，秋季也。

春季陽和洩散為木。秋季寒肅收斂為金。土無專位居中央而居四隅。

四隅者：艮（丑、寅）；巽（辰、巳）；坤（申、未）；乾（戌、亥），即四季交脫之際。

春夏之交木氣未盡，火氣以至閒雜之氣屬土，夏秋冬同論。土至巳午未最旺，亦居中央之意，順序相生所以相維，隔位相剋所以相制，故盛則衰，否極則泰，無往不復，天之道綸者常也，言有一定之程序。

水性流動其象為智。

火性光明其象為禮。

木性陽和其象為仁。

金性嚴肅其象為義。

土性渾厚則近於信。

五行配五常，人秉五行之氣所生。土無專位而四時皆有其用，金水木火賴土以存，然言其性則過於厚重而不靈，必須損其實，致其虛，故土之用反賴金水木火以成。推其形色則水黑，火赤，木青，金白，土黃，及其變易則不然；當於正旺從正色，當生旺則正氣全（可見正色），死絕從母色（水者木之母，死絕則黑；木者火之母，死絕者青；火者土之母，死絕者赤）。

五行：金木水火土

相生：金生水，水生木，木生火，火生土，土生金。

相剋：金剋木，木剋土，土剋水，水剋火，火剋金。

天干：甲、乙、丙、丁、戊、己、庚、辛、壬、癸。

地支：子、丑、寅、卯、辰、巳、午、未、申、酉、戌、亥。

四季方位（天干配地支五行）

東方：甲乙（寅卯）＝木（春）

南方：丙丁（巳午）＝火（夏）

西方：庚辛（申酉）＝金（秋）

北方：壬癸（亥子）＝水（冬）

中央：戊己（辰戌丑未）＝土（四隅）

天干五合：

甲己合土，乙庚合金，丙辛合水，丁壬合木，戊癸合火。

五行相生、相剋

〈五行相生〉

順時鐘方向為相生

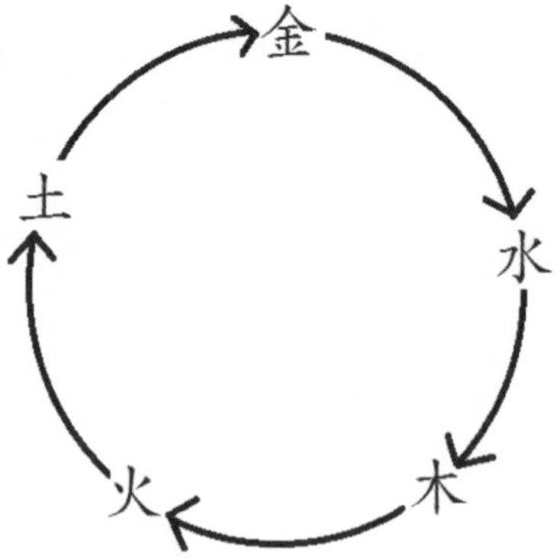

〈五行相剋〉

隔位相剋

（天干五合）

甲己合土，乙庚合金，丙辛合水，丁壬合木，戊癸合火。

一、天干陰陽：甲、丙、戊、庚、壬為「陽」；乙、丁、己、辛、癸為「陰」。

二、地支陰陽：子、寅、辰、午、申、戌為「陽」；丑、卯、巳、未、酉、亥為「陰」。

三、地支三會：亥、子、丑＝三會水。寅、卯、辰＝三會木。

巳、午、未＝三會火。申、酉、戌＝三會金。

四、地支三合：申、子、辰＝三合水。亥、卯、未＝三合木。

寅、午、戌＝三合火。巳、酉、丑＝三合金。

辰、戌、丑、未＝四庫土局。

五、地支三刑：寅刑巳、巳刑申、戌刑未、未刑丑、丑刑戌、子刑卯。

六、地支自刑：午刑午、酉刑酉、辰刑辰、亥刑亥。

七、地支六害：子未害、丑午害、卯辰害、申亥害、酉戌害、寅巳害。

六十甲子

甲子	甲戌	甲申	甲午	甲辰	甲寅
乙丑	乙亥	乙酉	乙未	乙巳	乙卯
丙寅	丙子	丙戌	丙申	丙午	丙辰
丁卯	丁丑	丁亥	丁酉	丁未	丁巳
戊辰	戊寅	戊子	戊戌	戊申	戊午
己巳	己卯	己丑	己亥	己酉	己未
庚午	庚辰	庚寅	庚子	庚戌	庚申
辛未	辛巳	辛卯	辛丑	辛亥	辛酉
壬申	壬午	壬辰	壬寅	壬子	壬戌
癸酉	癸未	癸巳	癸卯	癸丑	癸亥

地支三合

申子辰＝三合水　亥卯未＝三合木

寅午戌＝三合火　巳酉丑＝三合金

申子辰	三合水	寅午戌	三合火
寅卯辰	三會木	巳午未	三會火
亥卯未	三合木	巳酉丑	三合金
亥子丑	三會水	申酉戌	三會金

地支三會

亥子丑＝三會水　寅卯辰＝三會木

巳午未＝三會火　申酉戌＝三會金

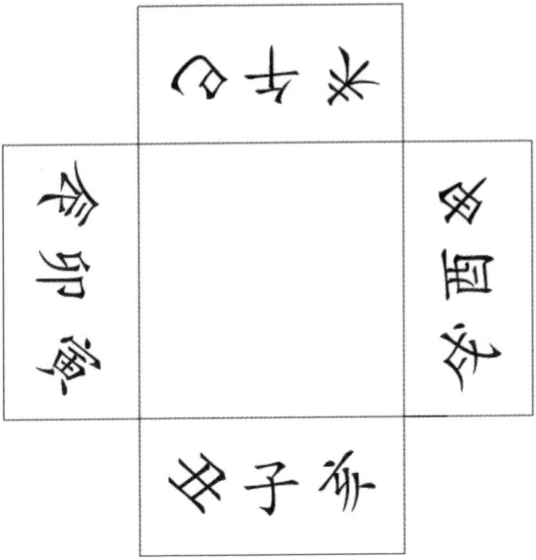

方陣（四角刑）

寅申亥亥

寅申巳巳

戌戌丑未

辰辰丑未

地支六沖

（三—一）

地支六合

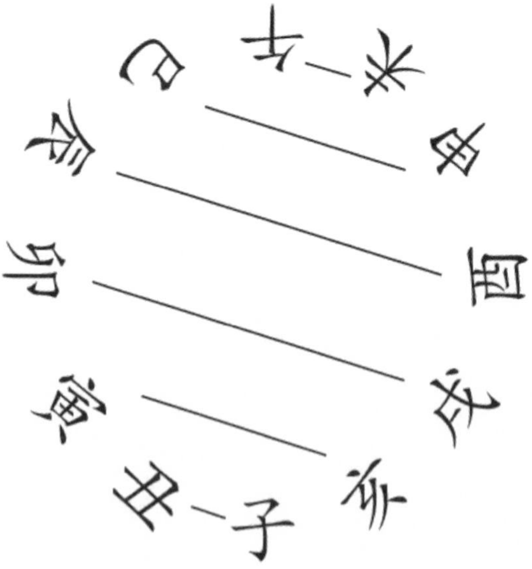

起八字訣

年遁月。甲己年丙作首，乙庚之歲戊為頭，丙辛之歲庚上尋，丁壬年壬寅順行流，更有戊癸何處起，甲寅之上好追求，細語世人相傳記，免得用時費猜疑。

日上遁時。甲己還如甲，乙庚丙作初，丙辛從戊起，丁壬庚子居，戊癸何方處，壬子是真途。

看命式，凡觀八字，四柱排定，以日為主，取年為根本，為祖上，才知世派之盛衰。取月為苗為父母，則知親蔭之有無；日干為身，支為妻（配偶）；時為花，實為子息，方知嗣續之所歸。法分月氣淺深，得令不得令，年時露出財官，需要身旺，如身旺財亦旺，反破財傷身，身旺財多財亦旺，財多稱意，若無財官，次看印綬，得何局，吉凶斷之，學者不可執固，而不知通變也。月令詳辯。年為本，年上有官出自祖宗；月為提綱，帶官星印綬，則慷慨聰明；時為輔佐，平生操履，若年月日有吉，則時要歸生旺之處；若凶神，則時要歸制伏之鄉。時上吉凶神，則要年月日吉者生之，凶者制之。如月令有用神，得父母之力；年有用神，得神宗力；時有用神，得子孫力。反此不吉。富貴貧窮命裡該，皆因年月日時排。

月支與節氣

十二個月配十二地支

月數	月支
一	寅
二	卯
三	辰
四	巳
五	午
六	未
七	申
八	酉
九	戌
十	亥
十一	子
十二	丑

二十四節氣

正月（寅）立春、雨水　二月（卯）驚蟄、春分　三月（辰）清明、穀雨

四月（巳）立夏、小滿　五月（午）芒種、夏至　六月（未）小暑、大暑

七月（申）立秋、處暑　八月（酉）白露、秋分　九月（戌）寒露、霜降

十月（亥）立冬、小雪　十一月（子）大雪、冬至　十二月（丑）小寒、大寒

例如：民國六十五年農曆八月十一日，查萬年曆八月十四日戌時交白露，農曆八月十一日為丙辰年丙申月己未日。

五虎遁月（即年遁月）

甲己起丙寅。乙庚起戊寅。丙辛起庚寅。丁壬起壬寅。戊癸起甲寅。

年／月	甲己	乙庚	丙辛	丁壬	戊癸
一寅	丙寅	戊寅	庚寅	壬寅	甲寅
二卯	丁卯	己卯	辛卯	癸卯	乙卯
三辰	戊辰	庚辰	壬辰	甲辰	丙辰
四巳	己巳	辛巳	癸巳	乙巳	丁巳
五午	庚午	壬午	甲午	丙午	戊午
六未	辛未	癸未	乙未	丁未	己未
七申	壬申	甲申	丙申	戊申	庚申
八酉	癸酉	乙酉	丁酉	己酉	辛酉
九戌	甲戌	丙戌	戊戌	庚戌	壬戌
十亥	乙亥	丁亥	己亥	辛亥	癸亥
十一子	丙子	戊子	庚子	壬子	甲子
十二丑	丁丑	己丑	辛丑	癸丑	乙丑

五鼠遁日（即日遁時）

時辰	時點
子	23-1
丑	1-3
寅	3-5
卯	5-7
辰	7-9
巳	9-11
午	11-13
未	13-15
申	15-17
酉	17-19
戌	19-21
亥	21-23

日干／時辰	甲己	乙庚	丙辛	丁壬	戊癸
子	甲子	丙子	戊子	庚子	壬子
丑	乙丑	丁丑	己丑	辛丑	癸丑
寅	丙寅	戊寅	庚寅	壬寅	甲寅
卯	丁卯	己卯	辛卯	癸卯	乙卯
辰	戊辰	庚辰	壬辰	甲辰	丙辰
巳	己巳	辛巳	癸巳	乙巳	丁巳
午	庚午	壬午	甲午	丙午	戊午
未	辛未	癸未	乙未	丁未	己未
申	壬申	甲申	丙申	戊申	庚申
酉	癸酉	乙酉	丁酉	己酉	辛酉
戌	甲戌	丙戌	戊戌	庚戌	壬戌
亥	乙亥	丁亥	己亥	辛亥	癸亥

大運排列法

大運排列方式均取自月柱提綱有兩個不同方式

陽男年柱：（甲、丙、戊、庚、壬）　陰女年柱：（乙、丁、己、辛、癸）為順推。

陰男年柱：（乙、丁、己、辛、癸）　陽女年柱：（甲、丙、戊、庚、壬）為逆推。

※例：陽男萬年曆民國七十三年農曆正月十二巳時（陽男、陰女順推）。

甲子	大運	7	丁卯
丙寅		17	戊辰
日主丁丑		27	己巳
乙巳		37	庚午

歲運由正月十二日順算至驚蟄共二十一日，等於七歲上運。

※例：陽女萬年曆民國六十一年農曆三月初一日子時（陽女、陰男逆推）。

壬子	大運	3	癸卯
甲辰		13	壬寅
日主乙亥		23	辛丑
丙子		33	庚子

歲運以出生日推算至節氣（清明）共九日，除三等於三歲上運。

※例：陰女萬年曆民國五十八年農曆三月十二日丑時（陽男、陰女順推）。

己酉	大運	3	己巳
戊辰		13	庚午
日主癸酉		23	辛未
癸丑		33	壬申

十神表

日＼干	甲	乙	丙	丁	戊	己	庚	辛	壬	癸
甲	比肩	劫財	食神	傷官	偏財	正財	七殺	正官	偏印	正印
乙	劫財	比肩	傷官	食神	正財	偏財	正官	七殺	正印	偏印
丙	偏印	正印	比肩	劫財	食神	傷官	偏財	正財	七殺	正官
丁	正印	偏印	劫財	比肩	傷官	食神	正財	偏財	正官	七殺
戊	七殺	正官	偏印	正印	比肩	劫財	食神	傷官	偏財	正財
己	正官	七殺	正印	偏印	劫財	比肩	傷官	食神	正財	偏財
庚	偏財	正財	七殺	正官	偏印	正印	比肩	劫財	食神	傷官
辛	正財	偏財	正官	七殺	正印	偏印	劫財	比肩	傷官	食神
壬	食神	傷官	偏財	正財	七殺	正官	偏印	正印	比肩	劫財
癸	傷官	食神	正財	偏財	正官	七殺	正印	偏印	劫財	比肩

支藏人元十神表

地支＼日干	子	丑			寅			卯	辰			巳		
	癸	癸	己	辛	丙	甲	戊	乙	乙	戊	癸	戊	丙	庚
甲	正印	正印	正財	正官	食神	比肩	偏財	劫財	劫財	偏財	正印	偏財	食神	七殺
乙	偏印	偏印	偏財	七殺	傷官	劫財	正財	比肩	比肩	正財	偏印	正財	傷官	正官
丙	正官	正官	傷官	正財	比肩	偏印	食神	正印	正印	食神	正官	食神	比肩	偏財
丁	七殺	七殺	食神	偏財	劫財	正印	傷官	偏印	偏印	傷官	七殺	傷官	劫財	正財
戊	正財	正財	劫財	傷官	偏印	七殺	比肩	正官	正官	比肩	正財	比肩	偏印	食神
己	偏財	偏財	比肩	食神	正印	正官	劫財	七殺	七殺	劫財	偏財	劫財	正印	傷官
庚	傷官	傷官	正印	劫財	七殺	偏財	偏印	正財	正財	偏印	傷官	偏印	七殺	比肩
辛	食神	食神	偏印	比肩	正官	正財	正印	偏財	偏財	正印	食神	正印	正官	劫財
壬	劫財	劫財	正官	正印	偏財	食神	七殺	傷官	傷官	七殺	劫財	七殺	偏財	偏印
癸	比肩	比肩	七殺	偏印	正財	傷官	正官	食神	食神	正官	比肩	正官	正財	正印

地支／日干	午		未			申			酉	戌			亥	
	丁	己	乙	己	丁	戊	庚	壬	辛	辛	戊	丁	壬	甲
甲	傷官	正財	劫財	正財	傷官	偏財	七殺	偏印	正官	正官	偏財	傷官	偏印	比肩
乙	食神	偏財	比肩	偏財	食神	正財	正官	正印	七殺	七殺	正財	食神	正印	劫財
丙	劫財	傷官	正印	傷官	劫財	食神	偏財	七殺	正財	正財	食神	劫財	七殺	偏印
丁	比肩	食神	偏印	食神	比肩	傷官	正財	正官	偏財	偏財	傷官	比肩	正官	正印
戊	正印	劫財	正官	劫財	正印	比肩	食神	偏財	傷官	傷官	比肩	正印	偏財	七殺
己	偏印	比肩	七殺	比肩	偏印	劫財	傷官	正財	食神	食神	劫財	偏印	正財	正官
庚	正官	正印	正財	正印	正官	偏印	比肩	食神	劫財	劫財	偏印	正官	食神	偏財
辛	七殺	偏印	偏財	偏印	七殺	正印	劫財	傷官	比肩	比肩	正印	七殺	傷官	正財
壬	正財	正官	傷官	正官	正財	七殺	偏印	比肩	正印	正印	七殺	正財	比肩	食神
癸	偏財	七殺	食神	七殺	偏財	正官	正印	劫財	偏印	偏印	正官	偏財	劫財	傷官

神煞

神煞列表（一）

年柱地支	孤辰	寡宿	大耗
子	寅	戌	未 巳
丑	寅	戌	申 午
寅	巳	丑	酉 未
卯	巳	丑	戌 申
辰	巳	丑	亥 酉
巳	申	辰	子 戌
午	申	辰	丑 亥
未	申	辰	寅 子
申	亥	未	卯 丑
酉	亥	未	辰 寅
戌	亥	未	巳 卯
亥	寅	戌	午 辰

神煞列表（二）

月柱地支	天德	月德
子	寅	戌
丑	寅	戌
寅	巳	丑
卯	巳	丑
辰	巳	丑
巳	申	辰
午	申	辰
未	申	辰
申	亥	未
酉	亥	未
戌	亥	未
亥	寅	戌

神煞列表（二）

日柱天干	天乙貴人		文昌貴人	陽刃	午祿	紅豔煞
甲	寅	午	巳	卯	寅	午
乙	子	申	午		卯	午
丙	亥	酉	申	午	巳	寅
丁	亥	酉	酉		午	未
戊	丑	未	申	午	巳	辰
己	子	申	酉		午	辰
庚	丑	未	亥	酉	申	戌
辛	寅	午	子		酉	酉
壬	卯	巳	寅	子	亥	子
癸	卯	巳	丑		子	申

神煞列表（四）

月柱地支	將星	華蓋	驛馬	劫煞	亡神	桃花
子	子	辰	寅	巳	亥	酉
丑	酉	丑	亥	寅	申	午
寅	午	戌	申	亥	巳	卯
卯	卯	未	巳	申	寅	子
辰	子	辰	寅	巳	亥	酉
巳	酉	丑	亥	寅	申	午
午	午	戌	申	亥	巳	卯
未	卯	未	巳	申	寅	子
申	子	辰	寅	巳	亥	酉
酉	酉	丑	亥	寅	申	午
戌	午	戌	申	亥	巳	卯
亥	卯	未	巳	申	寅	子

十二生旺庫

支＼日干	甲	乙	丙	丁	戊	己	庚	辛	壬	癸
長生	亥	午	寅	酉	寅	酉	巳	子	申	卯
沐浴	子	巳	卯	申	卯	申	午	亥	酉	寅
冠帶	丑	辰	辰	未	辰	未	未	戌	戌	丑
臨官	寅	卯	巳	午	巳	午	申	酉	亥	子
帝旺	卯	寅	午	巳	午	巳	酉	申	子	亥
衰	辰	丑	未	辰	未	辰	戌	未	丑	戌
病	巳	子	申	卯	申	卯	亥	午	寅	酉
死	午	亥	酉	寅	酉	寅	子	巳	卯	申
基	未	戌	戌	丑	戌	丑	丑	辰	辰	未
絕	申	酉	亥	子	亥	子	寅	卯	巳	午
胎	酉	申	子	亥	子	亥	卯	寅	午	巳
養	戌	未	丑	戌	丑	戌	辰	丑	未	辰

空亡表（如甲子旬缺戌亥，故稱空亡）

甲子	乙丑	丙寅	丁卯	戊辰	己巳	庚午	辛未	壬申	癸酉	戌、亥
甲戌	乙亥	丙子	丁丑	戊寅	己卯	庚辰	辛巳	壬午	癸未	申、酉
甲申	乙酉	丙戌	丁亥	戊子	己丑	庚寅	辛卯	壬辰	癸巳	午、未
甲午	乙未	丙申	丁酉	戊戌	己亥	庚子	辛丑	壬寅	癸卯	辰、巳
甲辰	乙巳	丙午	丁未	戊申	己酉	庚戌	辛亥	壬子	癸丑	寅、卯
甲寅	乙卯	丙辰	丁巳	戊午	己未	庚申	辛酉	壬戌	癸亥	子、丑

六親十干代表

正印—母親
正財—妻子
正官—男命指子女（女命指丈夫）
七殺—男命指子女（女命指丈夫）
比肩—兄弟姊妹

食神—女命指子女
偏印—偏母
偏財—父親
劫財—兄弟姊妹
傷官—女命指子女

余氏調候用神表

日干＼月支	寅 正月	卯 二月	辰 三月	巳 四月	午 五月
甲	丙 癸	庚 戊 丁	庚 壬	癸 庚 丁	癸 丁 庚
乙	丙 癸	丙 癸 庚	癸 丙	癸	癸 丙
丙	壬 庚	庚 壬	壬 甲	壬 庚 癸	庚 壬
丁	庚 壬	庚 甲	甲 庚	甲 庚	庚 壬
戊	丙 甲 癸	丙 癸	甲 癸 丙	甲 丙 癸	壬 甲 丙
己	丙 甲 癸	甲 癸	丙 癸 甲	癸 丙 辛	癸 丙 辛
庚	丙 甲	丁 甲	甲 丁	壬 戊 丙	壬 癸
辛	己 壬	壬 甲	壬 甲	壬 癸 庚	壬 己 癸
壬	庚 丙 戊	戊 辛	甲 庚	壬 辛	庚 癸
癸	辛 丙	庚 辛	丙 辛 甲	辛 壬	庚 辛 壬

丑	子	亥	戌	酉	申	未
十二月	十一月	十月	九月	八月	七月	六月
丙 丁 庚	庚 丙 丁	丁 庚 戊	壬 丁 癸	丁 庚 丙	庚 丁	丁 癸 庚
丙	戊 丙	戊 丙	辛 癸	丙 癸 丁	丙 己 癸	丙 癸
己 壬 甲	戊 壬 甲	戊 甲 庚	壬 甲	癸 壬	戊 壬	庚 壬
庚 甲	庚 甲	庚 甲	庚 甲	甲 辛 丙	庚 甲	壬 甲
甲 丙	甲 丙	丙 甲	癸 甲 丙	癸 丙	癸 丙 甲	癸 甲 丙
甲 丙	甲 丙	甲 丙	癸 丙	癸 丙	癸 丙	丙 癸 辛
丁 丙 甲	丁 丙 甲	丙 丁	壬 甲	丁 丙	甲 丁	甲 丁
壬 丙 戊	戊 丙 壬	丙 壬	甲 壬	甲 壬	甲 壬 戊	庚 壬 甲
甲 丙	丙 戊	丙 戊	丙 甲	庚 甲	丁 戊	辛 甲
壬 丙	壬 丙	庚 丙 辛	甲 辛 癸	丙 辛	甲 丁	辛 庚 壬

取格局（八字實例）

當一個八字排妥以後，詳查十神及神煞，一定要區別這一個八字，它是什麼「格局」。確認「格局」之後，才能論「八字特性與強弱喜忌」等實務上的事項。

「取格局」的依據：

一、「天透地藏」是指天干的十神，在地支所藏的人元，也有相同的十神者即可取為格局。

例如：甲日主生於庚申月。申地支有戊庚壬。庚是甲日主的「七煞」。如此「庚七殺」在月干、月支均透有藏庚七殺，即取格為「七殺格」。

「天透地藏」取格局，有幾項需要注意：

A 取格局之中，可以有「正官格、七殺格、正印格、偏印格、正財格、偏財格，食神格、傷官格」。

但「比肩與劫財」不能取「格局」。基本取「日主」以外五行。故除了「從格、陽刃」

等「特別格」外。如「炎上格」、「潤下格」、「稼穡格」、「曲直格」，尚有建祿格。

地支三合、三會亦可成格。

B「天透地藏」的格局，首先以月柱干支為第一優先。

1月支透月干。

2月支不透月干，而透出於「年、時」天干（第二優先）。

3月干坐根於「年、日、時」支（第三優先）。

除了以上三項優先條件以外，其餘只要是天干的「十神」在地支所藏天干中，也有一樣的十神，也可以取用為「格局」。

C如果同時透出一種以上。則以兩種「格局」五行屬性是否相同來區別。

五行相同之雙格，如：

同時是「正財格、偏財格」以偏財格而論。

同時是「正印格、偏印格」以偏印格而論。

同時是「食神格、傷官格」以傷官格而論。

同時是「正官格、七殺格」以七殺格而論。

五行不同之格局，即是指「食神格」，也是「七殺格」之時，則以二者之中，哪一個「格」當「月令」，以及在四柱之中，排位之先後而論別。

二、三合、三會，如果八字之中並沒有「天透地藏」的十神可以取「格局」時，另外一種就是地支中有「三合」或「三會」的五行，也可以取格。

例如：「庚」日主地支有「寅午戌」或是「巳午未」，可以取七殺格，不做正官格。

「庚」日主地支有「申子辰」或是「亥子丑」，可以取傷官格，不做食神格。

「丁」日主地支有「寅卯辰」或是「亥卯未」，可以取偏印格，不做正印格。

「丁」日主地支有「申酉戌」或是「巳酉丑」可以取偏財格，不做正財格。

其餘「日主」依此類推。今舉八字實例於後。

乾造

		藏干		（大運）
正官	丙申	戊	正印	
		庚	劫財	甲午
		壬	傷官	乙未
				丙申
食神	癸巳	丙	正官	丁酉
		戊	正印	戊戌
		庚	劫財	己亥
日主	辛卯	乙	偏財	
傷官	壬辰	乙	偏財	
		戊	正印	
		癸	食神	

※這個八字「丙申、癸巳、辛卯、壬辰」，天干透丙正官、癸食神、壬傷官。月令巳丙正官得祿。年支壬傷官長生，時支癸食神墓庫，故取格局為正官格兼傷官格，也是傷官混正官的一種。

乾造

偏財　癸丑　己　比肩　（大運）
　　　　　　辛　食神　甲寅
　　　　　　癸　偏財　癸丑
　　　　　　　　壬子
七殺　乙卯　乙　七殺　辛亥
　　　　　　　　庚戌
日主　己亥　壬　正財　己酉
　　　　　　甲　正官
　　　　　　乙　七殺
食神　辛未　丁　偏印
　　　　　　己　比肩

※這個八字「癸丑、乙卯、己亥、辛未」，天干乙七殺、癸偏財、辛食神。

月支卯七殺專位得祿。年支辛癸俱透、辛食神、癸偏財，故取格局為七殺格兼偏財、食神格。

		戊	比肩	（大運）
食神	庚申	庚	食神	辛巳
		壬	偏財	壬午
				癸未
		乙	正官	甲申
食神	庚辰	戊	比肩	乙酉
		癸	正財	丙戌
		乙	正官	
日主	戊辰	戊	比肩	
		癸	正財	
比肩	戊午	丁	正印	
		己	劫財	

※這個八字「庚申、庚辰、戊辰、戊午」，天干庚食神、戊比肩，依比肩、劫財不成格局。

庚食神，天透地藏，故成食神格。

		乙	正財	（大運）
正財	乙未	丁	正官	乙酉
		己	正印	丙戌
				丁亥
		戊	偏印	戊子
偏財	甲申	庚	比肩	己丑
		壬	食神	庚寅
		戊	偏印	
日主	庚申	庚	比肩	
		壬	食神	
正官	丁亥	甲	偏財	
		壬	食神	

※這個八字「乙未、甲申、庚申、丁亥」，天干透出乙正財、甲偏財、丁正官。地支藏元，年支丁正官、時支甲偏財。甲、丁俱透天干，故取格局偏財、正官格。

				（大運）
食神	壬辰	乙	正財	丁未
		戊	偏印	戊申
		癸	傷官	己酉
七殺	丙午	丁	正官	庚戌
		己	正印	辛亥
				壬子
日主	庚寅	甲	偏財	
		丙	七殺	
		戊	偏印	
偏財	甲申	戊	偏印	
		庚	比肩	
		壬	食神	

※這個八字「壬辰、丙午、庚寅、甲申」，天干壬食神、丙七殺、甲偏財。地支年支辰「乙戊癸」，月支午「丁己」，日支「甲丙戊」，時支「戊庚壬」。壬丙甲同時俱透出，故食神、七殺、偏財，三個格局全部成立。

乾造

比肩	癸酉	辛　偏印	
傷官	甲子	癸　比肩	
日主	癸亥	壬　劫財 甲　傷官	
偏印	辛酉	辛　偏印	

（大運）
癸亥
壬戌
辛酉
庚申
己未
戊午

※這個八字「癸酉、甲子、癸亥、辛酉」，天干癸比肩、甲傷官、辛偏印透出。

地支年支酉偏印、子比肩、亥壬劫財、甲傷官，時支酉辛偏印。

本造月支癸建祿，年支酉偏印，日支傷官，時支酉偏印，故此本造格局為偏印、傷官，兼建祿格。

日主強弱

每一個「四柱八字」排妥之後，研究「子平法」均需辨別「日主」強弱做為參考。辨別「日主」是強？是弱？必須瞭解一個提示。「日主」強弱是入門的一件事，並不是全部涵蓋「論命程序」裡的優先條件。身強需要洩或用剋；身弱則需用比肩、劫財來幫身或用印來生扶。這個範圍全依調候用神來調節。

這裡所提的身強或身弱，並不是指身強就是佳或是吉。身弱即是不吉或則是凶。

以此介紹「日主強弱」的推論：

甲乙日主生於「寅卯」任何一個月令，或地支有寅卯。

丙丁日主生於「巳午」任何一個月令，或地支有巳午。

戊己日主生於「巳午」任何一個月令，或地支有巳午。

庚辛日主生於「申酉」任何一個月令，或地支有申酉。

壬癸日主生於「亥子」任何一個月令，或地支有亥子。

以下均為得祿：

「甲子、己巳、己未、庚午」月提得祿。

「甲辰、丙寅、甲子、己巳」月提得祿。

「庚子、甲申、庚辰、己卯」月提得祿。

「己巳、戊辰、甲辰、丙寅」時支得祿。

「丁亥、己酉、庚申、丁丑」月支陽刃、日支得祿。

「丁酉、乙巳、丙寅、壬辰」月令得祿。

「己未、甲子、壬寅、辛丑」月令陽刃。

研究命理，首先須明五行之理，五行者春、夏、秋、冬之氣候也。流行於天地之間，循環不息，故謂之行。

東方甲乙木＝寅卯辰，春季也。　南方丙丁火＝巳午未，夏季也。

西方庚辛金＝申酉戌，秋季也。　北方壬癸水＝亥子丑，冬季也。

中央戊己土＝居中央而寄居四隅。

四隅者：巽（辰巳），坤（申未），乾（戌亥），艮（丑寅）。

即四季交脫之際也，辰、未、戌、丑即三、六、九、十二月。

夫五行之性各致其用，水性流動其象為智，火性光明其象為禮，木性陽和其象為仁，金性嚴肅其象為義，土性渾厚重寬博則近於信。

用神與調候

八字除了八格、從格、化格的宜忌之外，還有一種特殊的用法即是調候。也就是《造化元鑰、滴天髓》所謂之天道，有寒暖；地道有燥濕，人道亦以氣候合於命局。五行中和平衡為貴，需要則大為增色，甚者有起死回生之功效。中醫對治之法，除望、聞、問、切之外，尚以寒者熱之，熱者寒之，濕者燥之，燥者濕之，虛者乃以輕重而補之，如此補偏救弊是為調候。

八字命理唐朝國師袁天罡、李淳風先賢均以年為主，推算月日時。宋朝時徐子平先師改以日為主年為本，故云：主本保合，未有貪賤之人？

四柱推命，輔於納音。宋朝徐子平先師最大貢獻，是確立以日為主、年為根本、月為苗、日為花、時為果。後學均以八字為子平法或子平八字。

如冬季生人全局無火，則天寒地凍。夏季生人四柱缺水，猶如則天乾地燥，萬物難於化生，各干支亦難於藏揮作用。如此格局過於偏枯，格局即使再美亦難論大格局。

例如：甲乙木，春天即欣欣向榮，需火與水來調適，反之至秋天帶肅殺之氣，木乏力疏土，被金剋無力反抗。

十干特性

天地之間一氣而已，唯有動靜，遂分陰陽，有分老少，遂分四象，老者極動極靜之時，是為太陽太陰；少者初動初靜之際，是為少陰少陽。有是四象，而五行俱於其中矣。水者太陰也；火者太陽也；木者少陽也；金者少陰也；土者，陰陽老少木火金水，沖氣所結也。

陰陽之說最為科學家所排斥，然天地間日月、寒暑、晝夜、男女，何一而非陰陽乎。即細微如電子。亦有陰陽之分，由陰陽而析為四象。木火水金所以代表春夏秋冬四時之氣也。大地之中藏火、藏水，以及金屬之鑛敦造成之，萬卉萌生，孰使令之科學萬能，方以化析質造成種子，而不能使其萌芽。此萌芽之活動力即木也。故金木水火，乃天地自然之質。萬物成於土而歸於土。載此金木水火之質者，人兼天地之氣而生。

暖氣火也，流質水也，鐵質金也，血氣之流行木也。，而人身骨肉之質，運用此金木水火者。人生秉氣受形，有不期然而然者，自不能不隨此自然之氣以轉移也。

有是五行，何以又有十干、十二地支？蓋有陰陽，因而生五行。而五行之中各有陰陽，即以不論。甲乙木者，木之陰陽也。甲者乙之氣，乙者甲之質。在天為生氣而流行萬物者甲也，在地為萬物而承生氣者乙也。又細分之，生氣之散佈者甲之甲，而生氣之凝成者甲之乙。萬物之所以有枝葉者乙之甲，而萬物枝枝葉葉者乙之乙也。方其為甲而乙之木已備及其為乙，而甲之質乃堅，有是甲乙而木之陰陽具矣。寅卯者又與甲乙分陰陽天地，甲為陽、乙為陰，木之行於天而為陰陽者。以寅卯而分陰陽，則寅為陽；卯為陰。木之存乎地而為陰陽者，以甲乙寅卯而統分陰陽，則甲乙為陽；寅卯為陰。木之在天成象，而在地支成形者。大哉陰陽乃天地、乾坤、日月、父母、男女、晝夜之分。

天干：以甲、丙、戊、庚、壬，為陽。乙、丁、己、辛、癸，為陰。

地支：以子、寅、辰、午、申、戌，為陽。丑、卯、巳、未、酉、亥，為陰。

子平法：即四柱、八字，依年甲子，月丙寅，日乙丑，時己卯。

十天干：甲、乙、丙、丁、戊、己、庚、辛、壬、癸。

十二地支：子、丑、寅、卯、辰、巳、午、未、申、酉、戌、亥。

五行：木、火、土、金、水。

陰陽者：甲、丙、戊、庚、壬，為陽。乙、丁、己、辛、癸，為陰。

五行者：木、火、土、金、水。

五行相生者：（金水木火土）金生水，水生木，木生火，火生土，土生金。

五行相剋者：（金木土水火）金剋木，木剋土，土剋水，水剋火，火剋金。

陰陽五行者：甲、丙、戊、庚、壬，為陽。乙、丁、己、辛、癸，為陰。

渭徑篇

《易》曰：乾道成男，坤道成女，陰陽剛柔各有體，故女命以柔為本，以剛為刑，以清為奇，以濁為賤。乾陽也，坤陰也。陰陽交則成人道，陽剛而陰柔，稟得乾道則為男，稟得坤道則為女，故男剛而女柔。陽有陽體，陰有陰體，且女命貴乎陰靜，最忌陽剛，貴乎清而賤乎濁也。

「壬寅、壬寅、庚申、丁丑」二逢驛馬，母家荒涼。

「甲寅、己巳、癸亥、辛酉」孤辰對沖，恐有敗夫家。

「癸巳、乙卯、丙辰、甲午」正印兼偏印，闌階夜冷。

「癸卯、乙卯、丙子、辛卯」印格缺食神，有官殺亦孤。

「壬寅、乙巳、庚申、壬午」女命帶三刑，妨子。
「癸亥、甲寅、丁未、丙午」印坐孤神，恐為師尼。
「己未、戊辰、己巳、戊辰」比劫根重者，恐為填房。

三奇得位（良人萬里封候）

三奇者，財官印，而非乙丙丁也。女命以官星為夫；如甲生人見辛為官，即夫也。如辛金長生於子，旺於申酉戌之地，以己土為財；得辰戌丑未之地，以癸水為印；得亥子丑之方皆得其位，主其夫有貴，故曰萬里封候。

逢龍則化

甲己合土＝起丙寅、丁卯、戊辰。（戊為土）
乙庚合金＝起戊寅、己卯、庚辰。（庚為金）
丙辛合水＝起庚寅、辛卯、壬辰。（壬為水）
丁壬合木＝起壬寅、癸卯、甲辰。（甲為水）
戊癸合火＝起甲寅、乙卯、丙辰。（丙為火）
以上為逢龍則化。

神煞

神煞坐「空亡」吉凶均減半。

神煞「三合、三會、六合」時效延長。

天德（天德貴人）：例如父母有錢有勢，或丈夫有身分地位，屬於一種自然的福氣。女命喜天德或與夫星同柱。

正丁二坤宮。三壬四辛同。五乾六甲上。七癸八艮逢。九丙十居乙。子巽丑庚中。

月德（月德貴人）：遇危險的事情，能逢凶化吉之貴人。

正五九月丙。二六十月甲。三七十一壬。四八十二庚。

天乙：天乙貴乃後天解難之神，指「遭遇困難時」有貴人相助。例如，調頭寸不便之時，會有好友供財源幫你解圍。但女命不宜多，除非影歌星、演藝人員，「經曰：合多貴眾，群歌善舞」。

甲戊兼牛羊。乙己鼠猴鄉。丙丁豬雞位。壬癸兔蛇藏。庚辛逢虎馬，此是貴人方。

命中如遇者，定做紫衣郎。

孤辰：指個性較孤僻，在月支上見，恐有不好相處之兆。女命忌月干官殺，地支逢孤辰，恐有獨居之象，修道之心。

寡宿：寡宿與孤辰合稱為孤寡，俗說「男怕孤，女怕寡」。

大耗：大耗指意外的損失。例如，男性大耗坐桃花，約為異性破財。大耗與驛馬同宮，遷移忙碌的結果不是很理想。

驛馬：驛馬指多有遷移，貴人驛馬多升遷，常人驛馬多奔波。申子辰馬居寅。寅午戌馬居申。亥卯未馬居巳。巳酉丑馬在亥。喜長生，臨官祿貴。

陽刃煞：甲祿到寅，卯陽刃。丙戊祿巳，午陽刃。庚祿居申，酉陽刃。壬祿在亥，子陽刃。

千里馬賦

榮枯得失，盡在生剋之中。富貴榮華，不越中和之外。太過無制伏者貧賤，不及失生扶者刑夭。蓋夫木盛逢金，高做棟樑之具。水多遇土，修防堤岸之功。火煉堅金，鑄出鋒刃之器。木疏土旺，培成稼穡之禾。火炎有水，名為既濟之功。水淺金多，號曰體全之象，削之剝之為奇，生我扶我為忌。

丙丁生於冬月，貴於戊己當頭；庚辛出於夏間，妙乎壬癸得所。甲乙秋生妙玄武，庚辛夏長貴勾陳。丙丁水多憎北地，逢己反做貴推。庚寅火盛怕東南，遇戊翻為榮斷。秋生甲乙透丙丁，莫作傷看。夏榮戊己露庚辛，當為貴論。火值水多，貴逢木運。土逢木旺，榮入火鄉。庚逢子重水金寒，最宜炎照。戊遇酉多金脫局，偏愛熒煌。

金生秋月土重重，貧無寸鐵。火長夏天金疊疊，富有千鍾。甲乙夏榮土氣厚，功名半許足田莊。丙丁冬旺水源清，爵祿雙全榮錦繡。壬趨艮，甲趨乾，清名之士。辛朝陽，乙鼠貴，文學之官。破局以貧而斷，入格以貴而推。後學君子，毋忽於斯。

百章歌

天地人元分五音，陰陽妙訣果然真。去留舒配還參透，不若先知禍福因。六格陰陽成造化，天機世事莫輕傳。只知古聖元中妙，鏡裡乾坤不可言。立法先定生和死，次分貴賤吉和凶。一官二印三財位，四煞五食六傷官。六格局中分造化，高底貴賤幾千般。年看祖宗興廢事，月推父母定留存。日干專論夫妻局，時上高低定子孫。數定掌訣不差分，八字四柱排分明。年沖月提母有損，且又必破祖居根。若是干頭遭殺害，父必早喪不須疑。日沖時支子息難，陽刃無制剋妻妾。兄弟繁多比肩旺，乾遇時損手足。四柱絕正大富貴，八字凶惡濺必殃。女命合多淫奔恥，官旺財旺富貴人。陽刃遇合心不定，傷官太重克夫心。若是桃花帶祿旺，產死不怕旁人榜。印綬重重須損子，食神逢財子孫多。日祿歸時身穩重，天德月應二女中。金水相逢容顏女，四柱缺才蠢愚人。若是刼才遇魁罡，六根全還也不硬。此是神仙真妙訣，傳與江湖推命郎。

正官格

楠曰：正官蓋以陽見陰、陰見陽，故云一陰一陽之謂道，如人之一夫一婦之配對也。官者，管也。如人必須官管，後循規蹈矩，居仁由義，不敢放逸為非，故為制我身之官。然月令提綱之官，如縣令老爺之官，乃管我身之主也。今主人弱也，當以財生之。若行印運，則又洩官星之氣。若官星旺而日主弱，剋制日干太重，則不曰官星，而曰七殺。七殺剋身，則喜傷官，食神以制其官殺也。大抵用月上官星，要官旺，官旺方好取用。要官星有病，各因有病而得藥之。官多官旺，喜食神制。官星氣弱，喜財神以生之，官旺之運以運助之。若月干官星二者，純和無病，俱是平常人也。若歲月時上虛官，用之十有九貴。然官扶身之本，夫人非官，則敗於禮法之外，故官星不宜破損，而亦不可用也。唯官星太弱太旺，方為有病，因其病而藥之，斯可做為用神而論其禍福也。

楠曰：舊謂有官有印，乃雜氣所藏官印也。或曰有官有印，蓋言人命中有官星印綬雙全者，更無刑沖破害之物，沖破官印貴氣之物，則官生印，印生身，其人必是廊廟棟樑之大材。此說可從。

蓋乙生申月，丁生亥月，己生寅月，辛生巳月，皆官印兩全，況雜氣喜沖破，謂之無沖可乎？

古歌云：正氣官星月上推，無沖無破始為奇。中年歲運來相助，將相公候總可為。

補曰：正氣官星，謂陽見陰、陰見陽。如六甲日生酉月；六乙日生申月；六丙日生子月；六丁日生亥月之類，乃月正官也。柱中無沖刑破害，功名顯達，始為奇特。下文云：「登科甲第，官星臨無破之宮」是也。中年歲運遇財星印綬，身旺之助。更無刑傷殺雜，則臺閣可登。

古歌云：「官印相生臨歲運，玉堂金馬做朝臣」是也。

司馬季主云：「真官時遇，早登金紫之封。」

補曰：真官時遇，謂真正官星，遇於生時，正所謂時上正官格。必早得登腰金衣紫之貴。《格解》時作月令之時，非生時之時，又於時正官格，刪而去之，則非也。若以此時遇為月令之時，則《喜忌篇》云：「偏官時遇，制伏太過，乃是貧儒」，遇官星生旺位，亦可謂令之時乎？

強都憲造「辛未 乙未 丁未 辛亥」

亥中壬水，為丁火正官，則真官為主時之遇也。

《通明賦》曰：「祿得天時，奇花生於金帶。」

補曰：祿得天時，乃時干得正官，而且見其言之祿，必有奇花金帶之榮貴。解謂祿馬為官，則是為天時即天干，則泛而不切。曰天干，則年月亦在其中矣，於時干，則隱而晦矣。

「甲午 丁丑 壬辰 乙巳」

楠曰：壬生丑月水源深，疊疊財官共拱臨。水入巽宮尋貴格，陶朱之富異乎人。

四柱財官殺旺，專用巳中庚金長生印。壽高五福，蓋得時上有庚金印星也。

「辛丑 乙未 戊戌 庚申」

楠曰：夫星子宿兩星明，最是誇苗實不成。枯木不堪金過剋，早行金運壽先傾。

官星被制太過。戊生未月，乙木夫星透出，雖有庚金子星，食神傷官透出。俗儒推其夫明子秀，殊不知乙木夫星被制，庚辛金破之。未中乙木，被丑中辛金所破，夫星受制太重，夫星既制，子安可生乎？大運入酉，乙木損重，自縊死矣。

「壬戌 辛亥 甲子 丙寅」

楠曰：夫明子秀透天干，運入西方福自完。最恨南方金受制，不堪鏡破舞孤鸞。

甲木生亥月，夫子星喜透天干，日主有根，樂堪任矣。運入西方夫星生旺之地，夫登地科甲，官至御史。運入南方，火制辛夫太重，入未夫死而孀居也。丙午火氣盈甚，帶疾而終。

「丁酉 壬寅 辛巳 丙申」

楠曰：殺星得制獨留官，官殺相停兩得安。最喜南方官旺地，時上莫作等閒看。

辛金寅月，依四柱合殺留官。喜行甲乙丙丁旺夫之大運。夫作廉使，貴矣。

「甲辰 甲戌 癸未 壬戌」

楠曰：癸生戌月土重重，甲制千頭返有功。大運不宜重見土，再行土運壽年終。

癸水生戌月，水強進氣，難勝眾土。早行壬癸，水滋木旺剋土。母夫家富，但四庫太多，生子不良。運入未，土神太重，嘔血而死。

偏官格

楠曰：偏官為陽見陽、陰見陰，原非陰陽配合。更得食神傷官，以制去其凶銳，雖先為剋我之凶神，今則馴致其凶，而反為我之奴僕也。偏官乃七殺，有制為偏官，無制為七煞故宜制伏。如甲日干，數至第七位逢庚，為七殺。乙逢辛，丙逢壬，丁逢癸，依此類推。凡看命若有七煞，就要將此七煞處置了。若不能制去其七煞，則殺星能害我性命。譬如人雖有金銀財寶，沒了性命此財寶亦為閒物，萬貫家產只不過是過眼浮雲。

書云：「有殺須論殺，無殺方論用。」蓋先人立有此言，特未明說清楚，故使學者心裡覺得模糊。

用殺得宜，多主顯達。月上逢官者，無可用之理，但能管束我之身，安肯為我所用也?但或官星衰，則生之；官星太旺，則剋之，取此以定禍福。只見用殺星，多富貴人也。子平書俱涵說隱，而不發其真理。故殺者，殺我也，是殺身之對手。官者管我也，是制身之繩法。此造化之正理，不可不知。

又曰：棄命從殺格，緣日主全無生氣無根，四柱純然有官殺，則不得已而只能從殺也。譬如遇強盜，本身無主，只得捨命從之，就要有財，生起其殺，行財殺運，以生助其財殺。畏見八字有根處，及制殺運猶如從盜，又思歸父母兄弟之鄉，則盜豈可放汝乎？又如從盜就要助起其盜，若又剋害之，則煞星必會惡汝。此格出正理，甚有驗也。理今陰日干有從之之理，如婦人屬陰，亦有從人之道。若太陽日干，見殺多，只論殺重身輕看。若日主全無氣，亦作棄命看，亦畏見根凶。

《喜忌篇》云：五行遇月支偏官，歲時中亦宜制伏，類有去官留殺，亦有棄殺留官。四柱純雜有制，定居一品之尊，略見一位正官，官殺混雜反賤。

補曰：四柱純雜有制，蓋言四柱中純殺無官。有食神制伏得宜，定居一品之尊。

偏官純雜有制：

「癸卯　丁巳　壬寅　甲辰」

「甲申　乙亥　丙戌　庚寅」

「戊戌　甲子　丁未　庚戌」

純殺有制：

「丙寅　庚子　丁巳　戊申」

合殺去留為貴：

「丙子　甲午　辛亥　辛卯」

「甲寅　己巳　癸酉　丁巳」

七殺為用神：

「戊申　辛酉　乙巳　丙子」

「甲子　丁丑　丁未　辛亥」

「壬子　甲辰　己卯　壬申」

《喜忌篇》云：四柱旺運純，身旺為官清貴。

此七殺即偏官也。甲忌庚為七殺，而甲生寅月，乃身旺。其甲祿帶丙食神長生之地，則不畏金為殺，以殺化為偏官，則甲庚各自恃旺之勢，使柱中殺旺身強無制，又行純殺無制之運。乃為極品之貴，恐不可從。或者又解為身強殺旺，身殺居兩停長生臨官帝旺之鄉，乃通月氣者是也。運純謂中和之道，制殺化殺之運是也。清貴者，清高而貴顯。綉衣黃門是也。蓋四柱中七殺日主俱旺，無食神制殺，運入制伏之地，則為清高而貴顯。

《喜忌篇》云：柱中七殺全彰，身旺極貧。

舊注解曰：傷官本祿之七殺敗財，四柱有之，身旺建祿不為富矣。

建祿身旺之人，喜見財官，所謂一見財官　自然成福。

《繼善篇》云：庚值寅而遇丙，主旺無危。

補曰：庚日值寅，坐休絕之地，而柱中又遇丙，似乎衰而危。然寅中戊土長生，能生庚金，以洩丙火之氣，乃絕處逢生，名曰胎元受氣，又名小長生。人命逢之，主一生造化，衣祿興旺而無危，非言日主之旺也。下文云金逢艮而遇土，號曰還魂。可從。

古歌云：絕處逢旺少人知，却去當生命裡推。返本還原宜細辨，忽然屯否應猜疑。

又歌云：或云胎養小長生，人命唯逢自積靈。若也修文應稱遂，不然榮運亦光亨。

古歌云：偏官如虎怕沖多，運旺身強豈奈何。身弱虎強成禍害，身強制伏貴中和。

補曰：月上偏官，謂陽見陽，陰見陰。如甲生申月，乙生酉月。最喜運皆旺相，身強有制，化為權貴。若身弱殺強，無制之運，則猛虎有如添翼，其咆哮之威力不可抵禦，反為所傷。然偏官固宜制伏，亦貴中和。如一位偏官，制伏有二三，復行制伏之運，反不作福。何以言之？蓋盡法無民，可繹思也。

又歌曰：偏官不可例言凶，有制還他衣祿豐。干上食神支又合，兒孫滿眼根無窮。

解曰：偏官即剋我之神，本為惡宿凶殺。然不可例言凶也，需要制伏。有制化為權要，則衣祿不期豐而自豐。天干有食神，如甲見丙，地支有食神，如卯木中乙木合申中的庚金之類。則子孫振振，有無窮之福矣。所謂七殺有制亦多兒孫是也。

又歌云：偏官有制化為權，英俊文章發少年。歲運若行身旺地，功名大用福壽全。

解曰：偏官之格，雖為人凶暴無忌憚。然無制則為七殺，有制則為偏官，即化為權貴。少年穩步表青雲，早歲題名黃榜，必是文章顯赫之人。故曰英俊文章發少年。殺強有制，故曰美矣。若運衰弱，欲其大用也難矣。若歲運又無制，則聲名特達遍朝野。所謂從殺多是大富大貴之人。所謂平生為富貴，只因殺重身柔，此等格局，但多夭耳。若運扶身旺，與殺為敵，或七殺透出食神，謂之破局，皆不吉。

《天玄賦》云：煞星重而行殺旺運，早赴幽冥之客。

補曰：身弱殺重，宜行制伏之運，則為福為壽。而又行殺旺之鄉　必至夭壽而死。

《定真篇》云：七殺無制，逢官祿為禍，而壽元不入。

七殺以有制為貴，若無制伏，又逢正官，且建其官之祿，如甲逢庚無制，又逢辛金官星祿祿之數，則為官殺混雜。

《萬金賦》云：官殺混雜當壽夭。

《幽玄賦》云：身太柔殺太重，聲名遍野。

身勢太柔，略無一點根氣，七殺太重，而滿盤重重。三合火木旺鄉，木生火，火生土，殺印相生，功名著，再逢申坎金水之運，福自連綿。蓋當生雖有金水，而制伏尚不及，必再逢金水，方為制伏得宜，當享福於不替也。

「庚子　己卯　癸卯　辛酉」

庚子　見殺雖當論殺星
己卯　殺衰難養殺精神

日主癸卯　不堪卯木為真病
辛酉　時有辛金去病人

原局去食神成殺印而相生格。

癸水生卯月，己土七煞，透出天干，地支兩支卯木，暗來剋殺，為七殺制伏太重為病。辛酉沖去卯為藥，故稱因病得藥。

早行南方衰殺得地，年登科甲，運入西方制去病神，位極一品，貴且壽。直入亥運，會起木來損殺，病入膏肓，奇禍而亡。

「丙戌　戊戌　辛未　壬辰」乾

丙戌　重重土厚去埋金
戊戌　官殺哪堪洩氣清
日主辛未　最喜運行財旺臨
壬辰　聲華不日振儒林

辛日戌月支全逢土，金賴土生，土厚金埋。初行北方，庚子、辛丑運，金土氣盈塞滯不利。後行東方寅卯甲乙運，破土生官殺，位至翰林。

「丁丑　壬寅　庚子　丙戌」乾

丁丑　　庚生寅月火神輕
壬寅　　壬癸重來制伏明
日主庚子　　土木運中人富貴
丙戌　　再行金水禍來併

合官留殺，格之成。庚日寅月，年月丁壬化合木，生火助殺，寅月之火尚衰，壬水透天干制伏太過，病在此。己亥甲木財神得生，財來生煞，隱隱興隆。入戊戌運，戊土剋去壬水淨盡，如鴻毛遇順風，飄然而舉，如久旱逢甘霖，勃然而興。財發萬緡，大運入酉，丙火殺神死地，其死也非偶然。

「丙子　庚子　丁丑　辛亥」

丙子　　丁生子月水汪洋
庚子　　七殺雖多喜內藏
日主丁丑　　幸得丑中微土制

辛亥　　南方土運發非常

丁生子月七殺旺，支全逢水，喜靜伏於地支，其凶未逞天干，若原煞星透出天干，主早夭。大運入巳午未，沖去水神，財發萬緡，因喜土來剋水也。入申得長生，壽至八旬。

「癸巳　己未　庚子　甲申」

癸巳　　庚生未月火雖炎
己未　　制殺哪堪水火嚴
日主庚子　甲乙丙丁資殺運
甲申　　平步青雲路高登

「庚午　己丑　壬辰　甲辰」

庚午　　壬臨丑月水一垣
己丑　　殺重官多也作愆
日主壬辰　殺制喜看時有甲
甲辰　　棘闈之陣幾乎先

壬辰日生丑月，四柱有土官殺氣盛，水氣輕也。喜時上甲木進氣制殺。本為登科之命，但年上有庚剋甲，故而未遂。運行寅卯，壬運木神生旺，屢戰秋闈。大運入辰，丙午流年戊殺得地攻身而死。

「壬辰　丁未　辛丑　壬辰」

壬辰　　兩火哪堪四水傷

丁未　　殺星制過害非常

日主辛丑　再行制運生難獲

壬辰　　死敗徒流禍幾場

辛日未月本是殺，此為制殺太過與前癸巳造，天淵之隔，理則然也。此火重水輕，則畏行北方，入亥運問遼東三萬衛軍，壬水又旺，非命而故。

「己未　己巳　庚子　甲申」

己未　　庚金巳月殺雖狂

己巳　　制殺哪堪水汪洋

日主庚子　　衰殺喜行寅卯運

甲申　　北方重見水難當

庚生巳月殺星旺，土多洩弱火之氣，此為制殺太過，運行丙寅丁卯乙丑火木之地，助起殺神為我運動，補起火地，位登黃閣。運行亥子來破殺，死宜矣。

「丁酉　丙午　戊寅　丁巳」

丁酉　　戊寅日下殺星微

丙午　　己酉哪堪太制之

日主戊寅　　運入東方官殺顯

丁巳　　枯苗得雨發生機

戊土生午月，火氣炎盛，運入壬癸去火之炎，再喜培起寅中甲木，其貴然耳。此以火旺衰殺為病，去火存殺為去病之神。

「乙酉　丁亥　丙午　己丑」

乙酉　　丙生亥月兩幫身

丁亥　　一殺哪堪三神制
日主丙午　　運入西方生殺地
己丑　　超騰不作等閒人
丙火生亥月，殺星本可畏，三重己土制之太過。大運入乙酉甲申破土生殺發財數千萬，壬癸運美。午未運中制殺太甚屢遭凶變，入巳運丙戌年，重見戊土破壬，死矣。

「丁未　己酉　乙巳　丁亥」

丁未　　乙木生臨酉巳垣
己酉　　兩金四火制相連
乙巳　　不宜見火重攻殺
丁亥　　去火存金是福田
乙生酉月殺位專奈因食傷強過攔。早行丙午制過殺星，屢剋子財名不遂。大運入辰坐壬癸之水，財源大振，資產充廣，福壽兩全。寅運，見火剋金，災生回祿入丑殺星入墓。

月支正財格

楠曰：財為養命之源，人見之未嘗不欲。若日主身強則能任，如金銀、田產皆我之物。身弱則不能任，如盜偷人財物，事發則為害命之物。書云：「逢財喜殺而遇殺，十有九貴。」用財之人，日主旺，比肩、劫財乃兄弟之邦，乃分我錢財之人，則喜官殺去比肩、劫財。存起財星。若身弱旺財，又逢官殺來攻身，則性命不保。安得享其財乎？若財星弱身主旺，則喜食神、傷官以生起財神。若身主弱，財星多，則喜兄弟、比劫來分享，父母印運以相助之。凡用偏財者，多主富貴，用正財者多不及。蓋陰陰剋增愛分明，陽剋陽，財神有氣，用時日偏財尤美。此試驗之眾，故知用偏財者為上格，若有比肩間隔，不純和亦不美。此五行之正理。

棄命從財格，不論陰陽日主皆從。財乃吾妻，身主無力，不能任其財也，只得捨命而從財。如人自己無主，只能入贅於妻家，就要生起財星，只畏身旺及正偏印相生之地，即棄命從殺同論。

《鷓鴣天》云：正財有氣喜身強，陽取陰財陰取陽干，身弱財旺翻成禍，身強財旺利名長。只愁官鬼入空亡，印綬相生尊貴品。

《說善篇》云：一世安然，財命有氣，官乃扶身之本，財為養命之源。則命為身命也明矣。如財旺有氣而身弱者，決不能安樂之福，況一世乎？故上篇云：「財多身旺，則多稱意。」又古歌云：「則財命當為貴，若是身衰禍便臨。」由此觀之，則財命當為二世也，益明矣。

補曰：假令甲生午月，午中己土，為甲木之正財，而丁火生之。乙生巳月，巳中戊土，為甲木之正財，而丙火生之，是正財有氣也。甲寅乙卯日坐祿，甲子乙亥日坐印，或柱中生扶日主，是謂身強。正財有氣者最喜也。丙生酉月，戊生子月，庚生卯月，壬生午月，陰支為陽干之正財也。如身居臨官旺地，或柱中生扶，而財三合太旺，則富貴利名，聲譽顯著。所謂只怕日干元自弱，財多生殺趕身衰是也。

六甲空亡，甲子旬中以戌亥為空亡之類。財落空亡，必貧窮不聚財為可畏。正空亡為害最愁人，堆金積玉也須貧之謂。印綬相生榮貴昌，蓋言財多身弱，或帶官鬼，有印綬相生，自然富貴榮昌。

《獨步》云：「先財後印，反成其福。」《通明賦》云：「財逢印助，相如乘駟馬之車。」此之謂也。蓋言四柱既然財多身弱，而大運又行財官旺地，財官旺，則身體囚而愈弱矣。而年輕休囚之地，亦不如意，不唯不發福，亦且禍患百出。或（未）臨父母之鄉，或三合助扶我旺，則勃然而興，而富貴榮顯。如身財兩停，或身旺財輕，財喜財官旺運，忌身旺比肩劫財之地。亦有身弱全無根氣，滿局財殺，棄命從之，復行財官旺者發者有之。

《四言獨步》云：陰火酉月，棄命從財。北行入格，南走為災。

楠曰：丁火長生於酉，偏財得位，柱中三金財多略無根氣，則為棄命從財格。運行壬癸亥子之方為北行，多富貴為敵，不能從財，反為禍咎。所謂會逢根氣，命招不情是也。觀此行入格一句，則從財忌七殺，不可拘泥。

「戊寅　乙丑　丙申　庚寅」

戊寅　　丙火長生向二陽
乙丑　　喜臨財庫更身強
日主丙申　丙丁身旺逢財者

庚寅　　　號曰真金火倍當

丙火冬月二長生，火旺見金者，可以此論。獨有丙丁見金，為天地真金。日干旺者，十有九富。本造喜年時得長生，又有乙木貼身又逢印，且庚金透出，財神明白，豈不富極一方。凡寅、巳、午、未月，火返嫌弱，喜火旺，子丑亥月返怕火旺。

「甲辰　丙子　己未　戊辰」

甲辰　　　日主干強七煞輕

丙子　　　財來資殺養精神

日主己未　殺藏官露真為貴

戊辰　　　年少高登虎榜人

己日子月坐土庫，戊己土多來損財神為病，又得四柱有甲乙木，破土為藥。但子月之木枯，喜行東方運，旺助衰木之氣，以破戊己土也，早年科甲得第。若八字木旺，則畏東方運。

「丁卯　乙巳　丙寅　丁酉」

丁卯　　丙火身強財亦強
乙巳　　旺夫更喜入財鄉
日主丙寅　　財神結局原豐厚
丁酉　　子秀夫榮大異常

丙火身旺逢財者，非特男人富貴，女命逢此，亦夫榮子貴。巳酉真財合局，原財輕，西方補起財神，夫為太守，金珠滿屋。

「辛酉　庚子　戊子　癸亥」

辛酉　　戊臨子日坐財星
庚子　　時上夫星格局明
日主戊子　　最喜運行夫旺地
癸亥　　相夫教子有盛名

戊子日主財星多，若以旺弱論，則為財旺身弱為不足，不知女命看夫星，亥中甲木不強，再逢庚辛損甲，運入東方助夫生子發達。但日主弱，身常有疾病。故財官旺，父母家貧，夫家興，入己庚金剋夫星而故。

時上偏財與月上偏財格

楠曰：時上偏財格，以日干有氣，而任其財。如甲寅日見戊辰時，天干透出偏財方為真。喜身旺用財，食神大運以生其財，嫌官殺運反剋日主，則未能任其財。如身太旺則比肩劫財就多，則喜官殺剋去比肩劫財，放行財神。但用偏財日旺多富貴，蓋陰剋陰，陽剋陽，財神親切有力。用正財未見其美，偏財多橫財，身旺多有豪邁施捨。

《方歌》云：偏財本是眾人財，最忌干支比劫來。身強財旺皆為福，若帶官星更妙哉。（此為月支偏財）

補曰：偏財言陽見陽財，陰見陰財，如甲見戊、乙見己之類。然偏財乃眾人之財，如無義不當得之財，惟忌干支比肩與劫財來分奪，則不全。所謂兄弟姊妹分奪之，功名不遂禍患而至。無有官星，禍患百出，故云：「若帶官星更妙哉」，只恐日主無氣，財弱又無根。故云：「身強財旺皆為福。」因身強自能任財，財旺自能生官矣。

《古歌》云：時上偏財一位佳，不逢沖破享榮華。敗財劫刃還無遇，富貴雙全比石崇。

補曰：時上偏財者，如庚日見甲干或寅支；辛日見乙干或卯支之類。只須一位貴，不要再三見財。卻怕年月日沖破，如寅申沖、酉卯沖是也。如不逢，自享榮華富貴矣。柱中及大運，若遇見敗財，如辛見庚或申、庚見酉辛陽刃之類，必傷妻耗財破家。干支如無遇，則富而有財，帶權貴之象。可比石崇。

補曰：正財偏財，皆喜身旺、印綬。忌身弱、比肩、劫財，但偏財喜官星，而正財忌官星。

《集說》云：正財、偏財二格，喜忌大同小異，唯有喜官星與不喜官星之差別。偏財為人有情，主慷慨，不甚吝財。雖喜官星，亦須看身強弱而論，運之盛衰而言。如運行旺相，福祿俱臻，行官大運便可大發。若身弱財旺，運至官鄉，既被財之盜氣，又見官來剋身，亦有禍患。如四柱中先帶官星，當佳命而論。若四柱比肩劫財齊出，即使行至官鄉，發祿必少。正財為人誠信，做事節儉，處事聰明，正財不喜見官星，恐盜財之氣。若財多身旺比劫根重，亦喜見官殺制伏比劫，藏財透官可論貴。

「己酉　丙子　壬寅　乙巳」

己酉　壬水生逢子月天

丙子　偏財類聚喜周全

日主壬寅　壬申再轉南方運

乙巳　火土重逢福祿堅

壬生子月為陽刃，陽刃若行財官運，為人必白手起家。喜時日財聚親切，凡月偏財者多慷慨。古歌云：「偏財身旺是英豪，陽刃無侵祿位高，結識有情多慷慨。」可不喜為刃，不免重婚。可喜為官殺，官殺旺比劫方衰。行癸運時父母災，故曰身旺比劫重損，財又傷妻是也。

食神格

食神為陽見陽、陰見陰，如甲見丙、乙見丁之類。食神實為盜我血氣之物，但食神生旺不見梟，無沖無合生財官，官印透來相照應，平步青雲藏少年。食神出干有如一將當關，眾殺皆制，忌食神傷官齊透天干。食神主壽性樂觀，心寬體獷。又為文星口才奇佳，有性有理扣人心弦。子多壽長，善飲食。廣攬財源事業興。陽食向陽趨外向，陰食向陰用精神。配財必發財星至；配官必貴公卿位；食同進財發三面；配煞武性，子益多。

「己巳　辛未　乙亥　丁丑」

己巳　　乙木生臨未月投
辛未　　食神木火是真機
日主乙亥　辛金透出為真病
丁丑　　丁丙交來是福基

乙木生於未月，透出丁火做真食神。見辛金己，丑七殺為病，行丁卯丙寅火，剋去辛金，為因病得藥。多子生財。丑運官非。

「壬子　丙午　乙亥　丁亥」

壬子　　乙生離位火雖炎

丙午　　壬水重重制伏嫌

日主乙亥　水重土輕宜見土

丁亥　　北方水運實難痊

乙木生午月時逢丁為真食神格，壬癸水旺，能滅火之光。早行戊運，去水存火，生財。大運入申壬長生之地，幸而有戊蓋頭。己酉庚戌，帶疾發富。一入亥運，壬水得運，病故。謂破了食傷損壽元。

傷官格

傷官為陽見陰、陰見陽。如甲見丁、乙見丙之例，仍為盜我氣血之物。傷官乃破官之星，正官明朗，傷官陰暗。書云：「由來傷官最難明」。身強傷盡勝三奇，傷官用神男英俊，外緣奇佳。女命則如明星，令人神魂顛倒。曰：「傷官見官，為禍百端」。又曰：「傷官傷盡最為奇」，尤恐傷多反不宜，此雖正理，但太純反而無病。若四柱重重傷官，盜盡我身之氣。如人屢服大黃瀉肝湯諸般通藥，則身由此洩傷元氣，則何以救之。如此之弱，則用附子之溫藥，方能救其性命。若八字重重食神、傷官，日主原又衰弱，則急須行印運，以破其傷官。行財運以盜其日主，此是有病之命，得藥而救之，亦多富貴。又如日主生旺，比肩、劫財太多，財神衰弱，傷官以財為用神。則又喜見官星，以制比劫存財星，又何喜見官？緣我本身兄弟太多，官星箝制我比劫，存起我財星，此官星為我之福，不來禍也。書云：「木火傷官，官要旺」，金水傷官得火洩其精，多主富貴。若行北方運，破其虛謂假傷官，行印運必敗；真傷官，行傷官必滅。甲乙木見巳午未月，為木火傷官。，再行寅午戌運，洩木精英太過。書云：「木作飛灰，南幾壽夭。」亦大或臨頭，然傷官格人多傲氣，個性乃性情中人，又多聰明者。若日干旺，精英喜洩，則為卿為相。

傷官十論

甲木傷官寅午全，火明木秀利名堅。運行最怕財官旺，見戊行來阻壽元。
乙木傷官火最強，運逢官殺轉為良。只怕水多傷不盡，終身名利有乖張。
丙火傷官燥土重，運行財旺福興隆。如運水運遭傷滅，世態紛紛總是空。
丁火傷官火又柔，生人驕傲有機謀。運逢印綬連官殺，唾手成家孰與儔。
戊日傷官最怕金，柱中格畏木來侵。金衰不喜行財運，土既消磨金又沉。
己日傷官金最旺，弱金柔土喜財鄉。運逢官殺終身禍，名利與衰不久長。

庚日傷官喜見官，運逢官殺吉千般。正是頑金逢火煉，少年折桂上金鑾。
辛日傷官申子辰，傷官傷盡喜財星。東南行運燄燄火，背祿行來仔細吟。
壬水傷官怕木浮，見官見殺反為仇。再行財旺生官地，財祿無虧得到頭。
癸水傷官怕見官，最嫌戊己透天干。再行財旺生官地，世事紛勞禍百端。

「丁丑　庚戌　乙巳　壬午」乾

丁丑　　乙生戌月木神輕
庚戌　　用火傷官作用神
日主乙巳　金水兩般為我病
壬午　　南方火運長精神

乙木生戌月，本金剛而木柔，若以旺弱而推，人命行南方，似氣洩矣。八字有病者，宜去病之運。人多富貴。本造為月干官星為病。書云：「有病方為貴」，早年己酉戊申，病神得祿，推其不美。入南方丙午丁未，去庚病神，格中如去病，財祿兩相隨。乙甲運中，雖不及丙丁火去庚病，因甲乙生丙丁火。所以老當益壯，只畏壬癸運來破火。

「己巳　辛未　乙亥　丁丑」

己巳　　乙木生臨未月提
辛未　　傷官木火是真機
日主乙亥　　辛金透出為真病
丁丑　　丁丙交來是福基

乙木生於未月，透出丁火，做真傷官。見辛金己丑，七殺為病。行丁卯丙寅火運，剋去辛金，為去病之神。多子生財，日干有氣，能任子也。一入丑運，官殺星，訟也。依本造，丑運訴訟，乃殺星入墓，入墓與死純總不吉。

「己巳　癸酉　戊辰　丙辰」

己巳　　戊臨酉月洩精英
癸酉　　丙火生身用印明
日主戊辰　　癸水劫來傷丙火
丙辰　　南方土運發非輕

戊土死於丙，洩土精英，得巳宮丙火，透出天干。傷官旺身弱者，用印之明。月提癸水為病。運行南方，己巳、戊辰剋制病神，富蓋臨邑。大運入卯，復行官運而死。本造八字純粹，喜有官星病神，行運，辛未、庚午，均去病之神。

「丙寅　甲午　甲戌　辛未」坤

丙寅　　甲生午月火炎炎
甲午　　剋制夫星本太嫌
日主甲戌　運再東方生火氣
辛未　　孤貧淫妒不堪言

甲戌日午月，支會火局，時上辛金官星被制，夫星俱臨敗絕之地。火氣炎盛，官星氣弱。壬辰、癸巳運，破火存夫，入寅夫絕，死矣。

「丙子　辛丑　己酉　庚午」坤

丙子　　坐下夫星氣已絕
辛丑　　不堪金旺夫無依

日主己酉　　西方運入金多見
　　庚午　　獨守孤燈只自知

己土生丑月，日坐酉，夫星死絕。己亥運夫星得當頭，遂願也。一入西方運剋制夫星，孀居，一子到老。

印綬格

楠曰：正印、偏印格者，印如母親有生身之義。書云：「印綬生月利官運，畏入財鄉，蓋財乃破印之神。」然四柱印星太旺，日主有氣，如人元氣本旺，再服補藥，怎能無事？此必以財來破印。四柱財官少，必須運上財神則吉。又若日主根輕、印星寡弱，即畏財星，謂之貪財壞印。

有真印、假印格，如丙日生人，生臨亥月，甲木為假印也。十月木氣，凋零葉落之際，則喜東方木旺之鄉，以比助其根，則如枯苗得雨。畏巳酉丑運，沖剋其木，尤畏庚申、辛酉之年，天干地支俱剋，損傷甚重。若天干臨壬癸甲乙丙丁，則雖禍亦輕。若丙丁日主，臨寅卯月謂之真印也。若印多不畏財星，如日主輕，只有一二點印星，即畏財破印格。大抵木不能勝金，謂之印綬被傷。倘若榮華不久，真印、假印不可不辨。財、官、印、殺、食神、傷官，此六格乃日干月令。所謂的正格以外，尚有陽刃格、建祿格、從殺格、從財格。

《繼善篇》云：「官刑不犯，印綬天德同宮。」

補曰：一說謂不犯官府刑憲，因印綬、與天德年月日時支同一官。如「甲寅、丙寅、丁酉、丙寅」，是天德在丁，月德在丙，印綬在寅。如「庚申、庚辰、庚子、壬午」是天德月德俱在壬，印綬在辰，謂天德與印綬同一命宮是也。

古歌云：月逢印綬喜官星，運入官鄉福必清。死絕運臨身不利，後行財運百無成。

補曰：甲乙在亥子月生，丙丁在寅卯月生，戊己在巳午月生，壬癸在申酉月生，庚辛在辰戌丑未月生，或在巳午月生，皆屬月逢印綬。若四柱中元有官星，乃是官印相生。若行官鄉運，則發福必清厚。行死絕運，輕則逢災損傷，重則死亡孝服。若行財運，貪財壞印，其禍百端。

又曰：重重生氣若無官，常做清高技藝看；官殺不來無爵祿，縱為技藝亦孤寒。（女命如重重生氣無官殺，當作清高藝妓看。）

補曰：月生日干年時俱有印綬，是身強生氣也，有官論貴，無官殺則庸常之輩。所謂「印綬旺而子息稀」是也。

又曰：印綬干頭重見比，如行運助必傷身；莫言此格無奇妙，運入財鄉之地福祿真。

補曰：所謂「木賴水生，水盛則木漂，木逢壬癸水漂流，日主無根枉度秋。」如水盛木漂，必須行財運，以土制水，則木植其根為福。所謂「歲運若行財旺地，反凶為吉遇王候。」格解，所謂「印綬畏入財鄉」之句，不可拘泥也。

偏印格

印星偏者，如甲生亥月、乙生子月之類。無食神則為偏印，有食神則為梟神。柱中見偏財並見正財則吉，故曰偏印遇財則發。偏財能益壽延年，身旺遇之則吉。若身弱逢梟旺，則為禍矣。

《絡繹賦》云：印臨子位，受子之榮；梟居祖位，破祖之基。觀《六親論》云：「日時殺刃逢梟，半道妻兒離散。」

《寸金鑑》云：印綬不喜見臨官，帝旺逢之亦不歡；八字逢財無所用，行財不利劫無端。

補曰：臨官是指日干行臨官之地，印逢則病。故曰：不喜見臨官。如運行旺財之鄉，則貪財壞印。

《萬金賦》云：第一限印綬鄉，運行生旺必榮昌，官鄉會合遷官職，死絕當頭是禍殃。

《元理賦》云：水泛木浮者活木。

又曰：水盛則漂木無定，若行土運方為榮。

補曰：柱中水印太盛，失土止者。人命得之，主飄盪不定、風花雪月、好酒之人。遇土運止水，則發福為榮。

「己亥　乙亥　乙丑　丁亥」乾

己亥　　水氣重重在地支
乙亥　　木漂水泛欲何依
日主乙丑　最宜土運來剋水
丁亥　　財帛金珠樂有餘

乙木生亥月，重重水氣漂。早行「癸酉、壬申」，水多見水不利。一入「辛未、庚午、己巳、戊辰」四運，土止水流，財發萬緡，所謂「印綬若多，要見財」也。

「丁亥　辛亥　乙亥　丁亥」乾

丁亥　　乙生亥月水重重

辛亥　殺印分明祖業豐

日主乙亥　戊己運中雖發福

丁亥　再行水運壽年終

乙木生亥月，水氣重重，但喜純粹水源丁蓋頭，蓋得祖產豐富。「己酉、戌」運，財名頗振，「酉運」殺輕得祿。原殺星見水，多洩其精神，殺星得祿生子多。一入「申運」，壬水太旺，水來濕木，壽阻。

「辛卯　辛卯　戊寅　壬子」坤

辛卯　去官留煞理分明

辛卯　主弱分明用印星

日主戊寅　運入南方夫子旺

壬子　逢申破印禍來併

年上兩重卯夫星，天干二辛制之，專用日支寅中甲丙。早年行壬癸運，損多子，蓋為壬癸傷印。入巳運丙火得祿，生子旺夫，南方火旺，安享財富。脫甲患疾而故。

「壬寅　辛亥　丁巳　辛亥」乾

壬寅　丁火生臨亥月乾
辛亥　木神類聚喜相連
日主丁巳　柱中最怕金為病
辛亥　運入東方福祿全

丁火亥月，火神衰弱，喜丁壬化木於亥，用神木無疑。運行「甲寅、乙卯、丙辰丁運」，枯木逢春，又喜火破金存木，富享優遊。入「巳運」喪子奇禍。「午未運」木死，阻壽。

「乙卯　戊寅　丙戌　乙未」坤

乙卯　丙火生寅土透天
戊寅　無夫入格福連綿
日主丙戌　身衰宜入南方運
乙未　用印分明豈偶然

丙火寅月，用神取壬庚，正做火土傷官用印。原若有夫，行南方運，必主孤貧。此則原無夫星，則不論夫也，所以南方運，助夫生子而富。一入申運，金破木四柱，有如官殺。

「乙亥　癸未　丁卯　甲辰」乾

乙亥　　丁生未月火揚威
癸未　　見木重生火不知
日主丁卯　大喜庚辛來損木
甲辰　　再行木運本非宜

丁火生未月，支會木，助其炎威。四柱缺金，初行「辛巳庚運」，木旺見財剋之，生財頗逐。大運行「寅卯」，助起比劫以傷妻。原造用神取甲壬，亥卯未會局，成身強殺淺，忌火運。透甲會木，支藏水，文章洋溢。

陽刃格 建祿格

陽刃格乃五陽日干支逢帝旺謂之陽刃（今普遍說陽刃）。

多派術家認為陰日干逢帝旺也有陽刃之說。既然說是陽刃，何有陰日干的陽刃之說。書云：「陽刃無沖可極品」。有如甲日卯月、丙日午月、戊日午月、庚日酉月、壬日子月。甲見卯有如甲見乙劫財，有如兄見弟，能分我祖產，奪我之祖業。

陽刃格通常都取陽刃駕殺，如甲日卯月，四柱天干只有一庚七殺透干，只是少貴；同時透出戊偏財，形大吉之造，透己只是虛富。同時透丙丁食傷制七殺者，一般命造而已。

庚重重相見不凶，印重見者凶。

五陽特性的不同：

丙日午月用神取壬庚。獨刃獨殺，壬只是平常命造。二殺壬水帶庚者大吉之造，此取庚偏財生壬七殺為上造，四柱透辛合日主，反而壞了格局。

丙日午月之陽刃，地支有申字為貴，七殺壬重見不凶，重見午字則不吉。形成炎上格，必須四柱缺金、水。

戊日午月之陽刃，應有用神為「壬甲丙」。戊日午月，五月火氣甚炎，得二壬一庚為上格。一壬一庚尚須佳運相助，不失富貴。丁字出干化合壬水，平常之造。不透庚壬，地支有申宮長生之水至妙。無庚水無根源，無吉運相助，仕途不顯。忌戊己土出干，剋制壬癸水。丁、壬化合為陽刃合煞，壬水無生生之源，反助火之旺，失去解炎之用。不透庚壬，見申坐祿之金長生之水，金水相生與庚壬出干同理，則為富中取貴，異途功名。四柱缺水則為不吉，此時調候為急。

戊日午月，雖然不以甲七殺為主，壬甲二全的八字忌己運或八字透出己土，合甲又制壬，故為忌神。

庚日酉月之陽刃，用神取丙丁。子平法裡唯庚日酉陽刃，不忌官殺混雜。獨用丙七殺，秀而不富。若丙丁官殺並見，則為五品之造。庚日酉月陽刃，除官殺外，如加入食神制殺，或殺印相生，均是壞了格局。從革全金局，須四柱有水，否則不論從革，只論金旺而已。地支有三奇，如見卯酉巳午，不論天干即可論為佳造。

壬日子月之陽刃，「戊、丙」首選用神。四柱丙戊為財生煞，為之上格。地支火多為財旺，富而不貴。單獨陽刃駕殺，為平凡命造。或食神制殺者，為閒神無效之格。

五陽干之陽刃，忌日主帶合，尤其雙合。如甲日合二己，丙日合二辛，戊日合二癸，庚日合二乙，壬日合二丁，謂貪合忘義。

《萬尚書賦》云：官星帶刃，掌萬將之威權。又曰：傷官有刃，將相公候。又曰：印刃相隨，官高極品。又曰：殺刃休囚，祿薄之士。又曰：煞制刃興，主掌滿營之兵卒；若是用神輕淺，決為吏卒卑官。又云：刃輔傷官，際一旦風雲之會。

古歌云：陽刃七殺怕逢官，刑沖破害禍非常，最怕財旺居三合，截髮斷指主殘傷。又曰：春木夏火逢時旺，秋金冬水一般同，不宜陽刃天干透，運至重逢定有凶。又曰：劫財陽刃不堪侵，不帶官星一世貧，甲乙互逢皆倣此，縱多財帛化為塵。又曰：傷官不忌劫相逢，七殺偏官理亦同，若是無官不忌劫，身強遇比劫嫌重。又曰：劫財陽刃兩頭居，外面光華內本虛，官殺兩頭俱不出，少年夭折謾嗟吁。又曰：日刃歸時身要旺，正財忌運忌遭沖，且如戊日午為刃，子丑財鄉立見凶。財運無沖還不忌，官星制刃得尊榮，月中有印印斯通，運到官鄉貴亦同。柱若財多嫌殺運，無財殺運喜興隆。

截歌云：陽刃更兼倒戈，必做刎頸之鬼。

舊註云：日刃有「丙午、戊午、壬子」三日，與陽刃同法，忌刑沖破害會合，喜七殺，要行官鄉，便是貴命。若四柱中一沖一合主奇禍。三刑魁罡全，發跡於疆場。或臨財旺，則主其禍。或有救神，如刑害俱全，類皆得地，貴不可勝言。獨陽刃以時言之，四柱中不要入財鄉。如戊日刃在午，忌行子正財運；壬刃在子，忌行午正財運；庚刃在酉，忌行卯正財運；甲刃在卯，忌行酉運；丙日刃在午，行庚辛申酉財運不妨，忌行子運。

甲木春生值卯提，柱中有殺最為奇，不拘順遂東南地，申酉相逢反不宜。

丙日午月論陽刃，有殺當為貴命看，金水運行多吉利，如行水地反不宜。

戊日午月印當權，大運分明喜官殺，官輕逆運妙無端，官殺重時宜順歡。

庚日酉月用兩星，官殺混雜最相應，有財無殺純金局，從革更當顯聲名。

壬日生逢子月天，無財無殺未周全，終身困苦多流落，縱到財鄉亦枉然。

金神格

楠曰：甲日金神格，取乙丑、己巳、癸酉時生。書云：「甲日金神，偏宜火制。」又曰：「金神遇火貴無疑，金火災殃有之，此格多生大貴。」但論之未明顯。但甲日四柱氣旺，金神又或有一二點者，遇日火制之極貴。此即同時上偏官視之。若金神氣輕，柱中有火制之太過，又喜金水以助其金神也。

乙日金神，巳酉丑時亦論，主多貴。己日見巳酉丑金，己見金而洩其真氣也，即時上假傷官也。何以言之？書云：「己日金神，偏嫌火制。」若己日遇此三個時辰，己土貪生而洩其秀氣也。若原滯火金神氣衰，最畏火而來剋制。喜金運以助金神，喜水運破火，存起金神，多主富貴。若己日干原衰，金神犯重，己土見金洩而太過，則又宜火運，以破金存土。

舊賦云：夫金神者，如柱中帶陽刃七殺，真貴人也。若四柱中有火局，及運行火鄉，便為貴命。若無制伏，則寬猛不濟。柱中怕見木及水鄉運，由為禍矣。亦要月令通金局，或有金氣方論。

古歌云：金神巳酉丑之時，殺刃中來真貴人。運歲最宜逢火局，水鄉相見禍臨身。

丁亥　日干己未坐金神
癸丑　土厚金輕理自真
日主己未　運轉西方金旺地
癸酉　金輕豈做等閒人

己未日主，生於丑月，兩土氣厚，凡身旺宜洩也。見酉丑結成金局，為己日金神，喜有甲乙木官殺，為傷官格之病，故運行西方金運破木，其貴宜矣。

壬騎龍背格

古云：壬騎龍背格，取壬辰日辰字多，則能沖出戌中丁火財星。要辰字、寅字則能合戌。然以騎龍為吉，非為正理，但取美名以動人聽信。取辰字多沖戌，理亦頗有，不可專以此論禍福吉凶。八字中別無正格，方以此論。

《喜忌篇》云：陽水疊逢辰位，是壬騎龍背之鄉。

古賦云：此格以壬辰日為主，四柱見辰字多者為貴，寅字多者富。壬日坐辰土，以丁為財，以己為官，以辰沖戌中丁戊，壬辰日得財官。而寅午戌三合，為財得地。若年月時皆辰字，則沖出財官，亦以名揚四海，威振八方而貴。

古歌云：壬騎龍背怕官居，重疊逢辰貴有餘。設若寅多辰字少，須應豪傑比陶朱。

《鷓鴣天》云：壬騎龍背喜非常，寅字多兮福命祥。辰字若多官印重，韜略英雄佐聖王。榮封紫誥綬金章，澄清四海鎮邊疆，先賢立就窮天理，肅整威儀壓四方。

六乙鼠貴格

楠曰：六乙鼠貴，只取乙亥、乙未日見丙子時。然巳與申合起庚金，為乙木之官星。見庚辛則破乙，不能取用。若乙巳、乙丑、乙酉日，坐下官星沖破，乙卯日則刑破子亦不取，見午字子午亦沖破故不取。有正格只論正格，無正格方論此格。

《喜忌篇》云：此言六乙鼠貴格，陰木者，乙木也。獨遇子時者，用鼠不用猴，貴即天乙貴人也，乙生入以子申為貴之格。蓋言六乙日，獨遇丙子時，值天乙貴人，為六乙鼠貴之格。申時則官星顯露，所不可取。

古歌云：乙己鼠猴貴人方，陰木獨遇丙子時，乙巳運貴實為奇。無沖官殺方為美，少年準疑拜丹墀。又曰：乙木天然時丙子，無官沖害方為此。管教一舉佔鰲頭，名揚四海震今古。

又曰：六乙鼠貴格，乙日須逢丙子時，如無午字破，貴人尤奇。四柱忌逢，申酉丑，若無官殺拜丹墀。又曰：陰木逢陽要子多，名為鼠貴貴嵯峨，柱中忌怕南離位，困苦傷殘怎奈何。

《鷓鴣天》云：六乙時逢丙子中，官高位顯福興隆。午字顯露非為貴，剋破用神定主凶。

防酉丑，忌庚辛，傷官四柱合豐亨。柱無官殺榮華顯，玉殿金階有路通。

補曰：此格忌官殺沖破刑害，丑為官庫，所以並忌。原有忌丑合子之非，此子字為六乙天乙貴人，喜合不喜沖。

六陰朝陽格

楠曰：六陰朝陽格，取六辛日，四柱無官殺方取。辛以丙火為官，蓋取辛日戊子時，子能動巳。巳能動丙火，做辛日官星，只取辛亥、辛丑、辛酉三日。若辛巳日，有丙火為破格之說。辛卯日則卯子刑。辛未日則見未中丁火為七殺，破辛金。亦畏巳字破格，午字沖子，不能動巳。只喜財運，畏官殺運破格也。有別格則用別格，理不出於自然也。

古歌云：辛邊戊子號朝陽，運喜西方祿位昌。丑午丙丁無出現，腰金衣紫入朝堂。

《繼善篇》云：陰若朝陽，切忌丙丁離位。

補曰：此離位謂南方巳午之位，與丙丁相照也。《格解》離位，謂巳午未。未乃財神木庫，又印綬旺地，故舉《繼善篇》朝陽生於季月，可稱印綬。

《祕訣》云：辛日子時，忌行火地，西北行來則吉，東南一去憂凶。

補曰：謂大運行乙巳，乙謂東，巳謂南，故曰東南。況納音屬火，朝陽最忌火之鄉，此所以曰東南一去憂凶也。不然，東方財氣火鄉，何以曰憂凶也？

《鷓鴣天》云：戊子時逢六日辛，朝陽動丙合官星。庚辛若遇者為喜，紫綬金章拜聖君。

寅卯貴，丙丁貧，北方運至定傷身。中和純粹為官貴，定做三台八座臣。

曲直仁壽格

楠曰：曲直位壽格者，如甲日干，支全寅卯辰，或亥卯未會合木局，便得東方仁壽之氣，故又曰仁壽。此格屢驗。大畏庚申辛酉字，沖破東方秀氣，則天乙貴人，八字清純。見此格，亦不畏其寅卯辰亥未字太多，及不畏壬癸水生木類，只怕申酉庚辛為局之敗也。只要寅卯辰三字全，方做此格。若有申酉一字破之不吉。

《格解》云：此格日干甲乙木，地支要寅卯辰，或亥卯未全，無半分庚辛之氣，行運喜東北方，用此怕西方運，更怕刑沖。

壬寅　　甲木生臨寅卯辰
癸卯　　木全類相喜全仁
日主甲子　　時逢財庫為休倚
戊辰　　南逢生財大異人

甲木生卯，木神純粹，地支類全東方，一片秀氣。又喜有財透出生旺，用時上偏財，極好施捨恤孤，其格明矣。有一甲申日干者反貧，因申金能破東方秀氣，不知者反以此為美，蓋不知有此格也。入申運故亡，破木明矣。

稼穡格

楠曰：稼穡格者，蓋取戊己日干，見辰戌丑未，及巳午字多，若四柱無官殺者，則用此格。但丑辰戌月，四柱純土無木剋者，多從此格。運喜南方火土之地，及行西方金制木之運，多富貴。見木運剋破稼穡，不吉。

《格解》云：此格日干戊己，地支要辰戌丑未全，無木剋制，有水為用，方成此格。運喜西南，忌東北運歲。

詩曰：戊己生居四季中，辰戌丑未要全逢。喜逢財地嫌官殺，運到東方定有凶。

東北更怕刑沖。

壬午　　己臨丑月土重重
癸丑　　寒土堪全稼穡功
日主己丑　　有木微微夾作病
戊辰　　運行金針主財豐

己土生臨十二月，四柱純土，具土氣寒，堪做土全稼穡。賴辰時微有水氣，暗來損土，豈不為病乎？早行東方甲寅乙卯二運，引出辰中乙木，來剋稼穡之土，深為不利。運到丙辰、丁巳、戊午、己未，衰土喜見生扶，財發數十萬緡。再行庚申、辛酉、壬戌，剋盡辰中乙木病神，富蓋一郡。行亥會木局方死，老壽五福，本自然也。有一命造：「壬午、癸丑、己丑、己巳」，會合成金局，只做傷官論，不做稼穡。

炎上格

楠曰：炎上格，丙丁生寅卯月，得寅午戌全或巳午未，則火虛有焰，畏水破格，亦畏火氣太炎，則火不虛矣。畏金水破火木。

《格解》云：如丙丁二日見寅午戌全，或巳午未全亦然。忌水鄉金地，喜行東方運怕沖，要身旺，歲運亦同。

乙未　　夏火炎天焰焰高
辛巳　　無水方知是顯豪
日主丙午　　運行木地方成器
甲午　　一舉崢嶸奪錦袍

《碧淵賦》云：寅午戌遇於丙丁，榮華有日。又曰火臨巳午未之域，顯達之造。

潤下格

《格解》：且如壬癸日，要申子辰全，或亥子丑全是也。忌辰戌丑未宮鄉。喜西方運，不宜東南，怕沖剋，歲運亦同。

詩曰：天干壬癸喜冬臨，更值申辰會局成。或是全歸亥子丑，等閒平步上青雲。

從革格

《格解》：且如庚辛日，見巳酉丑全，或申酉戌全者是也。忌南方官殺運，若庚辛旺運則吉。

詩曰：金居從革貴人欽，造化清高福祿深。四柱火來相混雜，空門藝術漫經綸。

《碧淵賦》云：庚辛金局全巳酉丑，位高重權。又曰：金備申酉戌之地，富貴無虧。

楠曰：從革格，謂庚辛日干，見申酉戌全，或巳酉丑全。此多祿雜，原非純粹可觀，與壬癸潤下格理同。此二格多見，未曾有富貴者。但當以別理推之，只有曲直稼穡二格，多富貴。火全巳午未格，亦見其美。由是尊其所正，而闢其所謬也。

年時上官星格

楠曰：年、時官星者，蓋虛官用之多貴，喜財以生之或年、日支下亦用，但月上正官，世無可用之理。原官星虛，尤畏傷官剋之。時上財庫格，如壬癸日見戌時，如癸日或又做時上財官格，蓋喜虛財，旺鄉富貴。

辛酉　　癸臨酉月本無為

丁酉　　秀氣財官喜在時

日主癸卯　時上虛官真可用

壬戌　必能平步上雲梯

癸水酉月，偏印本非用神，蓋得戌時財官之庫，然酉月火土極衰，喜財官輕而為病也。酉印正沖，其病重而甚明也。病重名大貴，喜年上有酉金，能破去卯木也。書云：「格中如去病，財祿兩相隨。」所以運行癸巳，會起金來，破去卯中乙木病神，聯登科甲，御史權尊，宜矣。運入寅卯，本來乘旺，剋我虛官，隱而不仕。

乙巳　庚金身旺透官星

乙酉　金氣微輕木火盈

日主庚午　辛巳庚辰金運補

丁亥　當年財富頗馳名

楠曰：庚金酉月巳會局，所以金得乘旺。然有三火三木，似木火氣過盈，行辛巳庚辰戊己運，與財富。有一造乙亥年人，金氣不足，木氣過盛，一生貧苦。

丁丑　金頑遇火貴無疑

己酉　　　火少金多理最宜

日主庚申　　　官弱最宜官旺地

辛巳　　　少年平步上雲梯

楠曰：庚生酉月，金水旺極。巳中雖有丙火七殺，申宮壬水去之，只留年上。

調候用神暨行運提要參考表

日主	月支	用神	行運宜忌
甲	寅	丙癸	若干透丙癸，主富貴之造。行運辛、戊，仕途恐有阻。
甲	卯	庚丙丁戊己	若透庚金成格，為陽刃駕殺上造。 無庚用丙丁火食傷洩秀。用庚忌乙運。
甲	辰	庚壬	若行丁運合剋壬庚喜用恐名利有虧。
甲	巳	癸庚丁	癸庚丁全透上上之造。若用癸，忌行戊運。 用庚不喜丙運，喜用有剋，錯失良機。 透丁成格忌壬運，合喜用神，財務有失。
甲	午	癸丁庚	若用癸成格，行戊運勞碌奔波。壬運合喜用，成功邊緣遭小人破壞。
甲	未	丁庚	用丁火忌癸運，剋喜用神，只宜守成不利投資。 己運女命有感情困擾。透庚金行戊運，天干有甲木不忌。
甲	申	丁庚	用丁庚行酉亥運，事業有敗退之兆。行丙運，事倍功半徒勞無功。
甲	酉	庚丙丁	干若有丙丁行癸運，事業有阻。柱無丙丁行癸運，恐有官司是非。
甲	戌	丁癸	若干有透丁行甲運，為親友而破財。若干癸比劫大運，有散財之象。
甲	亥	庚戊丁	若四柱無庚行壬運，則合丁火洩金，恐有失職退位。
甲	子	丙庚丁	若干有丙丁火行壬運，恐大意失荊州之憾，戊土有透則可化險為夷。
甲	丑	丁丙	若成財格，壬運只宜守成。行癸運，主體弱多病。

日主	月支	用神	行運宜忌
乙	寅	丙癸	若有丙透干忌癸運，親友頓失依靠。干透癸水行戊運，恐有災厄。
乙	卯	丙癸	用丙火忌辛運，事業有敗退之象。透癸行戊運，合住喜用因財引禍。
乙	辰	癸丙	若干透癸水逢己運，他鄉勞碌奔波。四柱透丙庚運者凶，失職退位。
乙	巳	癸	柱透癸水行戊運，身體恐有疾。不可投資新事業。
乙	午	癸	若干透癸水行戊運，則恐損財傷身。
乙	未	癸丙	大暑前與午月同論。四柱透癸，甲運恐為異性破財。大暑後透丙，行辛運，浮誇失當。
乙	申	己丙癸	透己土逢壬運，恐散財漂泊。用丙火壬運，恐文字失策引起災害。
乙甲	酉	癸丙丁	身弱用癸水，逢丁運恐元氣有損。四柱無根無印，辛運恐主破財傷身。
乙	戌	癸辛	若弱干透癸水行戊運，忌投資新事業（合夥）恐失財傷友誼。用辛行丙運柱多比劫，恐懦弱百事難成。
乙	亥	丙戊	干透丙火洩秀，行壬運光環衰退，恐退財失利。透戊行癸運，心慌意亂，散財引禍。
乙	子	丙戊	干透丙癸又行癸運，則焦慮不安，左右為難。干有戊土行癸運，心猿意馬，恐耗財身心俱疲。
乙	丑	丙	干透丙火寒木向陽，專用丙火忌行癸運，如烏雲蔽日，意志消沉。四柱透戊土則不忌，可化險為夷。

日主	月支	用神	行運宜忌
丙	寅	壬庚	身旺透壬庚，行丁運合壬化劫，心高氣傲，大意失荊州。四柱地支有申沖提，有損根基。行丁運，恐成中反敗。
丙	卯	壬己	若干有透辛正財，逢丁運恐酒後誤事。二月專用壬水，有戊透取用甲木相制，反敗為勝。
丙	辰	壬甲	若專用壬水，土重取甲木相制。干透壬水行戊運，有志難伸。若四柱有甲木，則不忌戊運。
丙	巳	壬庚癸	專用壬癸，忌戊土制，四月調候為急。行戊運阻斷前程，恐失魂落魄。
丙	午	壬庚	五月炎燥專用壬庚，猶以通根至申宮為妙。若干透壬水逢戊運，男命不利子息，女命身體恐有恙。行己運家運不吉，恐配偶失合。
丙	未	壬庚	壬水為主庚金為佐，若干透壬水支多金水，行癸運提防破財敗業。若干透庚金行己運，則土重埋金，忌投資新事業。
丙	申	壬戊	若干透壬水行戊運，主親屬之間有紛爭。若干透戊土行己運，恐家庭有風波之事。
丙	酉	壬癸	若干透壬行戊運，恐心態猜嫉而引禍。若干有癸水行己運，則易空有理想紙上談兵。若干透壬行丁運，恐遊手好閒，破財之災。

日主	月支	用神	行運宜忌
丙	戌	甲壬	若干透甲木，行己運合用神，恐寄人籬下四處奔波。
丙	亥	甲戊庚壬	若干透甲木行癸運，恐易沉溺享受，宜知止不殆。
丙	子	壬戊己	若干透壬水行己運，則恐名利二失之虞。若干透戊土行甲運，守成尚可，不可冒進。
丙	丑	壬甲	喜壬，土重不可缺甲。干透壬水行己運，則須自求多福，不渴妄想。干透甲又行庚運，徒有虛名假利而已。行乙運有聲名，難望大財。

日主	月支	用神	行運宜忌
丁	寅	甲庚	若干透庚金行乙運，合絆用神，恐財務出現問題，如親友借貸。若干透壬官行丁運，男命恐停滯不前，女命易有感情風波。
丁	卯	庚甲	若干透庚金行乙酉、乙丑大運，恐財務重大損失。若干透甲木行己運，不宜創業，恐有思維欠周之慮。
丁	辰	甲庚	若干透甲木行己運，另有乙木透干成偏印格，恐身體欠安之慮。若干透庚金成財格，行丁運，男命恐有損財，女命恐有感情丕變。
丁	巳	甲庚	若甲印透丁行癸運，恐官非訴訟，疾病纏身。若甲庚全透無並位，富貴輝煌之造。
丁	午	庚壬	若干透庚正財行丙運，恐為財而煩躁不安。若干透壬官行己運，恐無法節流而益加損耗。
丁	未	甲壬	柱透甲木行己運，恐損名利而致體弱多疾。干若透壬正官行丁運，恐懦弱無能，依勢而生。
丁	申	甲庚	若干透甲木行丁運比劫，恐事業遲滯，進退兩難。若行甲庚富貴自來。
丁	酉	辛甲丙	若干透辛金行丁運，則恐心神不寧，為財煩憂。丙辛不可並位。干透甲行庚運，恐受制小人，左右為難。
丁	戌	甲庚	若干透甲木行己運，恐財源流失，業績衰退。干透庚行丁運，恐多謀少成。
丁	亥	甲庚	干透甲木行己運，容易涉入是非。干若透庚行乙運，恐財利牽絆。
丁	子	甲庚	若干透庚金行丙運，恐因他人之事而受牽連，宜慎合作投資。
丁	丑	甲庚	若行未運沖堤，防意外血光。

日主	月支	用神	行運宜忌
戊	寅	丙甲癸	若干透丙火行壬運，火旺則不忌；火不炎則忌壬運，恐事業有衰退。
戊	卯	丙癸	若干透丙行乙運，恐無事生非，造成不必要的煩惱。 干若透癸行戊運，恐有血光之災（忌合癸喜用）。
戊	辰	甲癸丙	若干透甲行庚運，恐有判斷失策而損財之憂。 若干透癸水行戊運，恐有先得後失之憂。
戊	巳	甲丙癸	若干透甲木行己運，恐事業有衰退之象。 干透癸水行戊運，恐親屬有刑傷之憂。
戊	午	壬甲	若干透壬行己運，則恐損財傷身之虞。四柱若缺水，宜修福延年。
戊	未	甲癸丙	柱若干透甲木行己運，恐財務困難，週轉度日。 若行庚運，恐家庭失和，婚姻困擾。
戊	申	丙癸甲	干透丙行辛運，恐不利妻室，感情困擾。 干透癸行戊運，恐平常歲月，無大進展。 干透甲行己運，恐家庭感情有風波。

日主	月支	用神	行運宜忌
戊	酉	丙癸	干透癸水行戊運，恐財務困難，須舉債度日。 癸水若在年干最佳，得祖產之象。
戊	戌	甲癸	干透甲木行己運，恐多謀少成，事倍功半。 干透癸水行戊運，恐劫財之患，不可輕易投資。
戊	亥	甲丙	若干透甲木行庚運，恐小人臨恃，孤立無援人緣欠佳。 干透丙火行壬運，恐名利有虧，徒勞無功。
戊	子	丙甲	干透丙火行癸運，恐有退財之象，謀事無成。 干透甲行己運，恐繁忙奔波，為人作嫁。
戊	丑	丙甲	戊土丑月得一丙印，弱中變強。若干透丙逢辛運，恐多謀少成。

日主	月支	用神	行運宜忌
己	寅	丙甲癸	干透癸水行戊運，恐基礎事業有礙，虛浮壞事。 忌四柱無金又會木局，大忌。
己	卯	甲癸	若干透甲木行己運正官者，恐失職貴位。
己	辰	丙癸甲	干透丙行壬運，恐好友反目成仇，錢財引禍。 干透癸行己運，恐事業起伏不定。 干透甲行庚運，商人可守成；文人則主考運不佳。
己	巳	癸丙辛	若丙辛同時透干，不得並位相合，失去效力。 干透癸水行戊運偏財格，恐意志消沉，女命恐有流產之虞。 丙透正印格，四柱無木，恐諸事不吉。
己	午	癸丙辛	己土夏月若四柱缺水為旱土。丙癸雙透天干，不失榮華。 用癸行戊運，恐諸事不順。
己	未	癸丙辛	己土夏月調候為急，必先用癸，次取辛金發水源。 干透丙支藏辛，不失衣襟。
己	申	癸丙壬	四柱透癸水出干，行戊運，四柱無甲木恐有破產之憂；有甲者宜守成，不宜投資新事業。

日主	月支	用神	行運宜忌
己	酉	癸丙壬	偏財成格，行戊運，恐血光之災、訴訟之禍。戊運洩丙制壬，不吉之運，恐有破財之災。
己	戌	癸丙壬	己土三秋，戌月先癸後丙。干若透丙行辛運，恐母家荒涼。
己	亥	丙甲	干透丙行壬運，恐事業成膠著狀態。智慧財尚可。大利偏財，不利正財。
己	子	丙甲	干若透甲正官格忌入己運，恐失職退位，破財消災。
己	丑	丙甲	己日冬月，丑月先丙後甲調候為急。透丙行辛運，恐諸事不吉。

日主	月支	用神	行運宜忌
庚	寅	丙甲	干若透丙火行癸運，恐有官非訴訟之困擾。干若透甲偏財行庚運，恐有破財損譽之憂。
庚	卯	丁甲	干若透丁火正官行戊運，洩丁火之力，恐作繭自縛之憂。若干透甲木行癸運，恐有意外之災致體弱多疾。
庚	辰	甲丁	干透丁火正官格，行戊運，先苦後甘。若合陽刃格，恐言過其實之華。干透甲木行庚運，破財消災；但有利仕途之進取。
庚	巳	壬戊丙	若干透壬水行丁運，恐妻子有災，感情之紛擾。干透戊行癸運，誤信讒言，牽累自己及家庭。
庚	午	壬癸	若干透壬水行戊運，恐有破財之虞，仕途挫折。四柱缺水又行火土運，宜積福修身。
庚	未	壬丁甲	壬丁並位透出，有損富貴。壬水透干行癸運，恐有是非纏身，破財。
庚	申	丁甲	若干透丁火行癸運，因傷官見官，為害百端之喻。正官格最為明顯。
庚	酉	丙丁	庚日酉月為陽刃格，最喜官殺混雜（丙丁）並用，則主位高權重。行癸運，恐進退失據，丟官去職。
庚	戌	甲壬	若干透甲木，任何格局行乙運，恐有退財、體弱多疾、諸事不順之患。
庚	亥	丁丙	干若透丁行壬運，地支有刑沖，恐不利人際與商務。行癸運破喜用丙丁，恐諸事不吉。
庚	子	丙丁	若丁火正官成格行癸運，恐難進取，嬉戲度日。丙透七殺格行癸運，恐雜務謀生，足三餐而已。
庚	丑	丁甲	庚日三冬，丑月天寒地凍丁火暖金，甲木疏土用甲，行庚運恐財利

日主	月支	用神	行運宜忌
辛	寅	己壬	干若透己土偏印，行甲運，恐得利忘義，失名節。
辛	卯	壬甲	干若透壬傷官成格，行戊運，恐腹部有疾。透甲行己運，恐諸事不遂。
辛	辰	壬甲	干若透壬傷官成格，行丙運，恐有大意失荊州之憾。
辛	巳	壬癸庚	若干透壬癸行火土運，宜防突發事件，諸如財務、仕途、身體。
辛	午	壬己癸	若地支成火局又逢丙運，恐有災厄臨身之患。
辛	未	壬庚甲	干若透壬行戊運，恐有破財，宜防官非；若柱中有甲庚則不忌。
辛	申	壬甲戊	干若透壬行己運，須有寅、午貴人相扶持乃有進展。
辛	酉	壬甲	干若透壬行戊運，恐頓失依託無所適從，若柱中見甲則不忌。
辛	戌	壬甲	干若透壬水行戊運，恐健康有恙。己運易失職退位，但柱中有甲則不忌。
辛	亥	壬丙	干若透壬行戊運，恐公親變事主，難脫干係之憾。丙正官格行辛運，則主疾病纏身。
辛	子	丙戊壬	若干透丙火行癸運，恐頓失依護，有人情冷暖之嘆；但柱中有戊則可免。
辛	丑	丙戊壬	若干透丙火而行癸運，則易孤僻、仕途遭排擠之憂。

日主	月支	用神	行運宜忌
壬	寅	庚丙戊	若干透庚行丁運，恐事業有大敗之象。用丙行丁運，則主口舌是非。透戊行丁運七殺格，恐有破產之患。
壬	卯	戊辛	干若透戊成七殺格，行甲運，宜注意身體之保健。若干透辛行丙運，則主名利皆虛。
壬	辰	甲庚	干若透甲行己運，恐因任性而引禍上身。干透庚行丁運，不可貿然投資。
壬	巳	壬辛	干若透壬行丁運，四柱有癸水則不忌；無癸水恐有目疾。
壬	午	庚癸	干若透庚偏印成格，行丁運，則需保守方可安然無恙。干透癸行戊運，合喜化忌，恐需借債度日。
壬	未	辛甲	干有辛金行丁運，恐主消極，求宗教之寄託。透甲行己運，則主自由之身轉拘束困惑。
壬	申	戊丁	丁火與日主不喜並位貪合，行癸運恐破產之憂，因制丁合戊雙重打擊之故。

日主	月支	用神	行運宜忌
壬	酉	甲庚	若干透甲木行己運，恐受限制無法自由發揮。戊運恐體弱多疾，若干有甲木則不忌。
壬	戌	甲丙	干若透甲行庚運，恐有得而復失之憾。若柱中有丙，則又無妨。
壬	亥	戊丙	若干透戊土行甲運，恐因財而招身禍，不得不戒；四柱有丙透干則無憂。
壬	子	戊丙	干若透戊行甲運，恐因浪蕩任性而惹事生非之害。
壬	丑	丙甲	若干透丙火行癸運，則主性格丕變，孤獨落寞寡歡。

日主	月支	用神	行運宜忌
癸	寅	辛丙	若干透辛行丁運，恐身心失衡而致災禍；丙透則不忌。
癸	卯	庚辛	若干透庚辛則主名利雙收，忌行丁運，須防財官之遽變。
癸	辰	丙辛甲	若干透丙財不見辛金而行戊運，不宜投資有損財之象。若透辛行丁運，則憂感情婚姻生變。
癸	巳	辛壬	若干透辛金行丁運，恐妨仕途之升遷。
癸	午	庚辛壬	用庚辛行火土運，名利皆有損傷，只宜守舊保平安即是大幸。
癸	未	庚辛壬	癸生未月以大暑前後為分野。前重金水，後宜斟酌丙火。若透壬行戊運，恐因親友之災而受累。
癸	申	丁甲	若干透丁行癸運，恐有失職之憂；因傷丁濕甲之故。

日主	月支	用神	行運宜忌
癸	酉	辛丙	若干透丙行癸運，恐事業反覆蹉跎，裹足不前。
癸	戌	辛丙癸	干透辛金行丁運，恐貪財引發是非。透癸水行戊運，則主奔波勞碌以維持生計。
癸	亥	丙庚辛	干透丙火正財行癸運，比劫奪財，則主財務事宜之憂。
癸	子	丙壬	干有透壬行丁運，慎防感情之糾紛。用丙逢丁亦做桃花論斷。
癸	丑	丙壬	癸日丑月得丙火，日照江湖揚名立萬之象。干若透丙行癸運，恐人財兩失之憂。

※以上十天干、十二月令之喜用調候之大運喜忌優先參考，但須以四柱整體結構配合更加完善。

滴天髓論十干宜忌

※甲木參天，脫胎要火。春不容金，秋不容土。火熾乘龍，水蕩騎虎。地潤天和，植立千古。

甲為純陽之木，而有參天之勢。生於春初，木嫩氣寒，得火而發榮。生於仲春，旺極之勢，宜洩其菁華，所謂脫胎要火也。初春嫩木萌芽，不宜金剋。仲春以衰金而剋旺木，木堅金缺，故春不容金也。生於秋木氣休囚，而金當令，土不能培木之根，而生金剋木，故秋不容土也。龍，辰也。支全巳午或寅午戌，而干透丙丁，洩氣太過，而木焚矣，宜坐辰，辰為土濕，能培木而洩火。寅，虎也。支全亥子或申子辰，而干透壬癸，水泛而木浮，宜坐寅，寅為木之祿旺而藏火土，能納水之氣，不畏浮泛也。火燥坐辰，水泛坐寅，為地潤。金木、木土不相剋為天和，非仁壽之象乎。

※乙木雖柔，刲羊解牛。懷丁抱丙，跨鳳乘猴。虛濕之地，騎馬亦憂。藤蘿繫甲，可春可秋。

羊，未。牛，丑也。乙木雖柔而生於丑未月，未為木庫，丑為濕土，可培乙木之根固，則制柔土亦有餘。鳳，酉。猴，申也。生於申酉月，只要干有丙丁不畏金旺。馬，午也。生於亥子月，水旺木浮，雖支有午，亦難發。若天干有甲，地支有寅，名為藤蘿繫甲，可春可秋，言四季皆可，不畏砍伐也。

※丙火猛烈，欺霜侮雪。能煅庚金，從辛反怯。土眾成慈，水猖顯節。虎馬犬鄉，甲來成滅。

五陽皆陽丙為最，丙者太陽之精，純陽之性。欺霜侮雪，不畏水剋。庚金雖頑，力能煅之。辛金雖柔，合而反弱。見壬水，則陽遇陽，而成對峙之勢。見癸水，則如霜雪之見日。故不畏水剋，而愈見其剛陽之性。見土則火烈土燥，生機盡滅，土能晦火，見己土猶可，見戊土則忌。生慈者，失其威猛之性也。顯節者，顯其陽剛之節也。虎馬犬鄉者，寅午戌也。支全寅戌午而又透甲，火旺而無節，不戢自焚也。

※丁火柔中，內性昭融。抱乙而孝，合壬而忠。旺而不烈，衰而不窮。如有嫡母，可秋可冬。

丁火，離火也。內陰而外陽，故云柔中。內性昭融，即柔中二字注解。乙，丁之母，有丁護乙，使辛金不傷乙木，不若丙火之能焚甲木也。壬，丁之君，丁合壬，能使戊土不傷壬水。不若己土合甲，辛金合丙之更變，君失其本性也（己土合甲，甲化於土，辛金合丙，丙火反怯）。雖時當乘旺，而不至赫炎，即值衰，而不至歇滅。酉為火死之地，而丁長生干透甲乙，秋生不畏金，支藏寅卯，冬生不忌水。

※戊土固重，既中且正。靜翕動闢，萬物司命。水潤物生，土燥物病。若在艮坤，怕沖宜靜。

固重，兩字最足以形容戊土之性質。春夏則氣闢而生萬物，秋冬則氣翕而成萬物。而翕則收藏，故為萬物之司命也。戊土高亢，生於春夏宜水間之，則萬物發生，燥則物枯。生於秋冬，水多宜火暖之，則萬物化成，濕則物病。艮坤者，寅申也。土寄四隅，寄生於寅申，寄祿於巳亥。故在艮坤之位，喜靜忌沖。四生之地，皆忌沖剋，土亦不能例外，此例也。

※己土卑濕，中正蓄藏。不秋木盛，不畏水狂。火少火晦，金多金光。若要物旺，

宜助宜幫。

戊己同為中正之土，而戊土固重，己土蓄藏。戊土高亢，己土卑濕，此其不同之點。卑濕之土，能培木之根，止水之泛。見甲則合而有情，故不愁木盛。見水則納而能蓄，故不畏水狂。能洩火晦火，故云火少火晦。能潤金生金，故云金多金光。此為己土無為之妙用，但欲滋生萬物，則宜丙火去其卑濕之氣，戊土助其生長之力，方足以充盛長旺也。

※庚金帶煞，剛健為最。得水而清，得火而銳。土潤則生，土燥則脆。能贏甲兄，輸於乙妹。

庚金為三秋肅殺之氣，性質剛健。與甲、丙、戊、壬各陽干有不同。得壬水洩其剛健之性，氣流而清。得丁火冶其剛健之質，鋒鍖而銳。生於春夏，遇丑辰濕土能全其生，逢戌未燥土能使其脆。甲木雖強，力能伐之。乙木雖柔，合而有情。

※辛金軟弱，溫潤而清。畏土之疊，樂水之盈。能扶社稷，能救生靈。熱則喜母，寒則喜丁。

辛金，清潤之質，乃三秋溫和之氣也。戊土太多，則涸水埋金。壬水有餘，則潤土洩金。辛金為甲之君，丙又為辛之君。丙火能焚甲木，辛合丙化水，轉剋為生，豈非扶社稷救生靈乎。生於夏而火多，有己土則晦火而生金。生於冬而水旺，有丁火則暖水而養金，故以為喜也。

※壬水通河，能洩金氣。剛中之德，周流不滯。通根透癸，沖天奔地。化則有情，從則相濟。

通河者，天河也。壬水長生於申，申乃坤位，為天河之口。壬生於申，能洩西方肅殺之氣。水性周流不滯，所以為剛中之德也。如申子辰全，又透癸水，其勢泛濫，縱有戊己之土，亦不能止其流，若強制之，反激盪而成水患，必須用木洩之，順其氣勢，不至沖奔。合丁化木，能生火，可謂有情。生於巳午未月，四柱中火土並旺，別無金水相助。火旺透干則從火，土旺透干則從土，調和潤澤，仍有相濟之功。

※癸水至弱，達於天津。得龍而運，功化斯神。不愁火土，不論庚辛。合戊見火，化象斯真。

癸乃純陰之水，發源雖長，其性至靜而至弱。所謂五陰皆陰，癸為至也。龍，辰也。遁干見辰，則化氣之原神透出，為一定之理。不愁火土者，至弱之性，見火土多則從化；不論庚辛者，弱水不能洩金氣，金多反濁。即指癸水而言。合戊見火者，戊土燥厚，四柱見丙辰，引出化神，為真化。若生於秋冬金水旺地，縱遇丙辰，亦難從化。

十二支藏人元明細圖

人元用事司令之圖

申	立秋七己兼三戊	三壬交庚至白露	十七日
未	小暑九丁乙三周	己旺提綱又立秋	
午	芒種十丙九己取	丁火陰柔迎小暑	十日
巳	立夏五戊庚初動	庚九交丙及芒種	十六日
辰	清明乙九三癸寓	戊旺提綱交立夏	
卯	驚蟄十日甲木行	餘皆乙木是清明	
寅	立春戊七兼丙七	餘日甲木交驚蟄	十六日
丑	小寒九癸兼三辛	己旺提綱又立春	十八日
子	大雪壬水十日看	念天癸水逢小寒	
亥	立冬戊七甲五日	壬水洋洋交大雪	十八日
戌	寒露辛九丁三逢	戊旺提綱又立冬	十八日
酉	白露庚金管一旬	辛金專氣迎寒露	二十日

盡。陽長，每日長三十分之一。亦一月方長得成。故復之一陽。

十二時辰口訣

夜半子　雞鳴丑　平旦寅　天光卯　日出辰　禺中巳

日南午　日昳未　日落申　點燈酉　黃昏戌　入定亥

排山掌、名掌中訣

昔唐初女將樊梨花在白虎關遇難，其師麗山老母突心血來潮，排山掌掘指一算，樊梨花遇難故下山搭救。

今掌中訣平常最常用的有下列幾種

例一、六十甲子納音五行

一、甲辰屬陽先看天干

甲乙定位金呼子丑。丙丁定位寅卯水　戊己定位辰巳土　庚辛定位土　壬癸定位木

甲辰：甲乙子丑金　丙丁寅卯水　戊己辰巳火　甲辰屬火

癸未：壬癸定位木　子丑　甲乙寅卯金　丙丁辰巳水

重返癸午未木　癸未定位水

例二、年次配九宮

男命由兌宮七逆推，一與十同宮

女命由艮宮八順推，一與十同宮

中宮男遁坤、女遁艮

一、男命四十八年次　由兌十　乾二十　中三十　巽四十　震四一　坤四二　坎四三

離四四　艮四五　兌四六　乾四七　中宮四八

男命四十八年次即中宮遁坤，為坤宮

二、女命三十五年次　由艮十　離二十　坎三十　坤三一　震三二　巽三三

中宮三四　乾三五

女命三十五年次即乾宮

一、遁納音

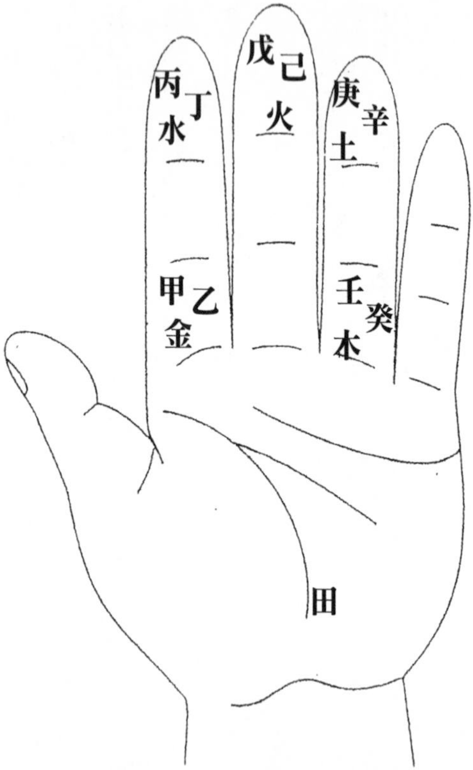

二、遁九宮八卦

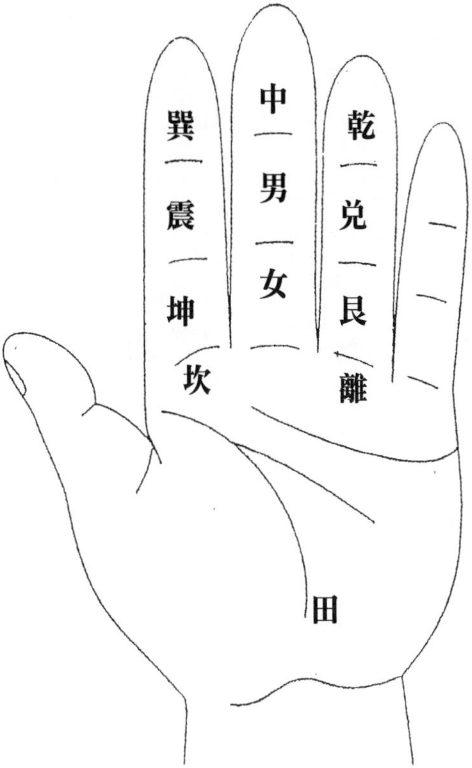

三、五虎遁月

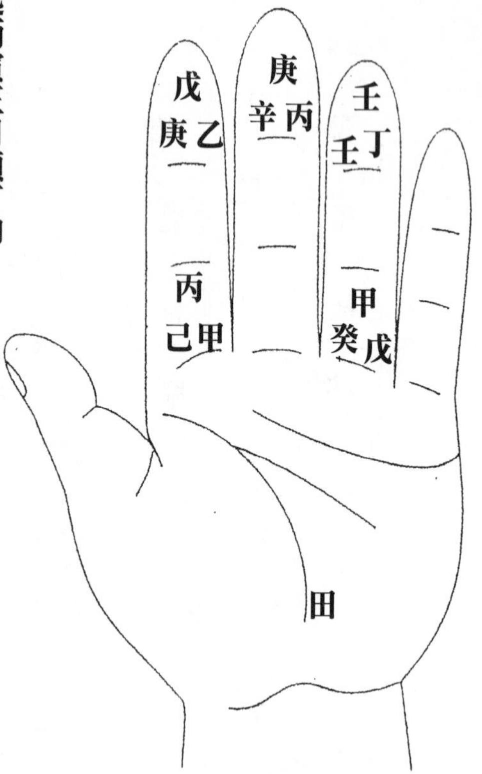

甲己年起丙寅正月順丁卯

乙庚年起戊寅正月順己卯

四、五鼠遁時

甲己日起甲子順乙丑
乙庚日起丙子順丁丑

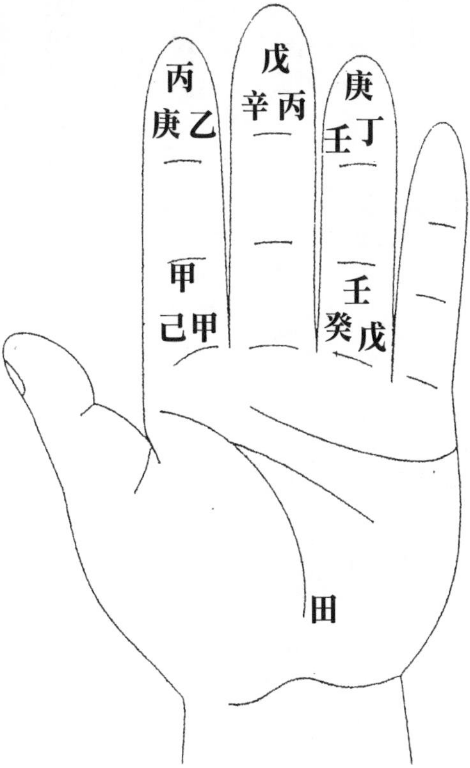

甲日寅月－〇〇一乾

庚寅
戊寅
日主 甲子
丙寅

甲木寅月雨水前，尚有寒氣。年干有丙火，冠蓋比王謝。支藏癸水，大富大貴。雨水後陽壯木渴不能缺水潤澤。如四柱無癸有丙富貴皆不大。有癸有丙東觀英才。四柱會金透庚辛鼓盆之淒，喪明之痛，申子辰備，得剛而貴，無戊則貧。孟春氣候尚餘寒，丙透天干癸水藏，妻宮癸水得力助。

本造恭請祖師聖示以《大衍之數》相呼應得：八八七八八七（51震）

震：亨，震來虩虩，笑言啞啞，震驚百里，不喪匕鬯。

《象》曰：洊雷，震。君子以恐懼脩省。

楠評註：本造甲日寅月喜用丙癸，丙透大地回春之象，癸藏子水得祿，年干透庚而貴，月提透戊而富，乃上上之造，謂食神生財格之成。

甲日寅月－〇〇二乾

壬辰
壬寅
日主 甲子
壬申

甲木寅月一派壬癸中逢水局，無土制水多木泛，曰：水泛木浮。貧困之造，依調候用神論。天干透三壬，全無戊土來制水築堤，支又會水局，全印局定有封甑之塵，甲木寅月水成局，干逢三壬無戊制，水泛木浮漂流客，佩印過盛防水厄。

本造恭請祖師聖示以《大衍之數》相呼應得：八七八九八八（39蹇）蹇乃四大難卦之一。

九三：往蹇，來反。《象》曰：往蹇來反，內喜之也。

※貧困之造，知難而退，小心謹慎。

楠評註：甲日寅月四柱干支全會水局，謂漂流之木，凡會水局定要戊土透干來制水，無戊則四柱失去中和，偏以北方，又無丙火照暖定是貧困之造。

甲日卯月－〇〇三乾

己亥
丁卯
日主 甲寅
庚午

甲日二月時透庚金七煞，用神得宜，庚劈甲引丁，為科甲之造，唯四柱缺水，驚蟄過後陽氣升為仲春須水來潤澤，陽壯木渴但不失榮華。清明前三日，木旺宜火光輝秋闈可試，處事泰然有壽如日主無依運喜財煞地。木主仁，四柱無庚丁則身旺無依。二月陽刃駕殺，煞刃有暗合之情，庚金休囚於二月，故須有財滋殺方為煞刃均停，無財旺殺，異途小貴。甲日卯月透庚丁，時有七煞又逢財，彈箏吹笙慶豐年，申酉相逢招災險。

本造恭請祖師聖示以《大衍之數》相呼應得：九八八八八六（23剝）

上九：碩果不食，君子得輿，小人剝廬。

《象》曰：君子得輿，民所載也。小人剝廬，終不可用也。

※累積經驗，終有大用。

楠評註：甲日卯月專用庚戊丁，卯月仍陽刃，透庚為陽刃駕殺，庚金為僻甲引丁，為學識淵博才高八斗之造，喜用配合得宜，格局之成。

甲日卯月－〇〇四乾（清順治皇帝命造）

戊寅
乙卯

日主　甲午
甲戌

甲日卯月號陽刃支會火局，八字無水，火旺木焚，只能用戊土洩其火氣。丁巳大運，又逢寅年，過於燥熱病故四柱不足為調候用神，缺水中和，會火宜用水制，又無庚金生水之用，甲日卯月號陽刃，有刃無煞總是憾，運入火地鬼鄉去，缺水火局就不宜。

本造恭請祖師聖示以《大衍之數》相呼應得：八七八八九八（29坎）九二：坎有險，求小得。《象》曰：求小得，未出中也。

楠評註：本造雖清順治皇帝之命，地支會火局，四柱又缺庚金制刃，八字缺水。火旺木焚，調候用神失去中和，丙丁火運不吉。

甲日辰月－〇〇五乾

辛未
壬辰

日主 甲辰
庚午

甲日三月喜用庚壬，庚壬兩透丁火藏支，堅木得金成棟樑之材，廟廊決策何須著意佳景，自有奇逢應早春，有壬並有癸黌宇論文，柱有戊己支局土無水混淆，勘羨從財有託干有二丙，支藏庚用神暗損，可嘆祖業無歸，支成金局，須用丁火否則三月不用丁，庚透不與乙木並位富貴之造，甲木三月有金煉，月透壬水時逢庚，廟廊決策有論文，榜上有名群英倫。

本造恭請祖師聖示以《大衍之數》相呼應得：九八八九六六（52艮之19臨）

六四：至臨，無咎。《象》曰：至臨無咎，位當也。

※和氣生財，賓至如歸。

楠評註：甲日三月專用庚壬，本造庚壬兩透無剋破，丁火又藏午支，無合壬之憂，庚金如不透而藏支為用神暗損。三月天氣已熱，暖得壬水反成貴格。

甲日辰月－〇〇六乾

壬午
甲辰
日主 甲寅
戊辰

甲日三月木旺缺金，夾卯刃木更盛，財露比盛，午宮丁火壬水所阻，比奪財星孤貧僧道之造，支會木局一定要庚金，方能成大器，四柱缺金貧困，用之為官不可傷，用之為財不可劫，用之印綬不可破，用之食神不可奪。陽刃祿喜用七殺，陽刃怕沖喜迎合，比劫要逢七殺制，七煞尤喜見食神，三月財官印藏辰庫，戊為偏財暗伏，甲木重重旺氣深，木來相火透春成，最恨無庚不成器，結局只是僧道侶。

本造恭請祖師聖示以《大衍之數》相呼應得：七九八七八八（53漸）九五：鴻漸於陵，婦三歲不孕，終莫之勝，吉。《象》曰：終莫之勝吉，得所願也。

※貴人相助。

楠評註：甲木季春，本造四柱會木而缺庚金，無庚僻甲不靈，透比奪財則貧。陽刃喜合，如透煞印相生吉，缺庚不吉，不是上選。

甲日巳月－〇〇七乾

癸未
丁巳
日主 甲辰
庚午

四月丙火得令癸水為第一，用神甲日巳月取癸庚丁，本月庚金非僻甲引丁之用，而是取用生癸水，遇金太旺用壬水洩，柱無壬癸、癸丁只見丙戊辛，為生不逢時。癸庚丁三神齊透功名雙至，知名之仕。藏癸透庚丁，納粟拜爵。透壬又透庚，經商有成，白手起家。支會火局柱無水一事無成。甲日巳月癸庚丁，三神齊透顯聲名，一朝金榜早得地，冠蓋群倫名四揚。

本造恭請祖師聖示以《大衍之數》相呼應得：八七七八八八（45萃）

萃：亨，王假有廟，利見大人。亨利貞，用大牲吉，利有攸往。

《象》曰：澤上於地，萃。君子以除戎器，戒不虞。

※意志堅定，事必有成。

楠評註：甲木孟夏，取用癸庚丁，四月天氣炎熱，先得癸水後用庚丁，本月庚金非僻甲之用而為生水以解調候中和。本造支會火局，喜天干透癸而有根，大器之造。

甲日巳月－〇〇八乾

戊戌

丁巳

日主 甲申

丙寅

甲日四月丙戊雙透，地支有水亦無濟於事，戊乃制水之神，柱有財喜殺相逢，逆行早歲聲名顯，順運須防壽夭至，申寅沖逢三刑事有變遷，干全火土正用癸後用丁，庚金太旺，壬透可解，柱無壬、無庚丁，只見丙戌，命不逢辰，甲乙如逢四月天，木鄉水旺振財源，只防水地多凶破，酉丑相逢我便言，火鄉木旺祿還通，如行金水多成敗，甲日巳月火當頭，戊土透出甚不妥，支如有水亦不顯，順運早年失壽險。

本造恭請祖師聖示以《大衍之數》相呼應得：八八七七八八（62小過）

小過：亨，利貞。可小事，不可大事。飛鳥遺之音，不宜上，宜下，大吉。

《象》曰：山上有雷，小過。君子以行過乎恭，喪過乎哀，用過乎儉。

楠評註：日時逢沖又三刑，日支申寅沖破，戊透年干又是制水之物，柱透丙戌，地支獨水起不了作用，順運逢火，食傷洩其太過，戊土為病，無藥。普通之造。

甲日午月－〇〇九乾

丁亥

丙午

日主 甲子

癸酉

五月木性焦燥，先癸後丁庚次調候為急，不能缺癸水仗金生，運行火木化成灰，西方運傷官遇殺，東方運吉，忌西方喜東南，傷官木火喜生財，東北運來更妙哉。傷官配印為正用，不見金為傷官傷盡，才學過人，先貧後富，甲子生居五月中，無根金水不嫌凶，重行金水生名顯，火土相逢破本宗。

本造恭請祖師聖示以《大衍之數》相呼應得：九七九九七八（44姤）

姤：女壯，勿用取女。《象》曰：天下有風，姤。后以施命誥四方。

楠評註：甲日仲夏專用癸丁庚，五月甲木炎燥，先癸調候為先。缺癸須賴庚金生水，癸透藏根子癸水得令，火運卯運不吉，庚運大吉，四柱五行中和調停之功。

甲日午月－〇一〇乾

戊子

戊午
日主　甲戌
乙丑

甲日午月，年月透戊，專用年支子癸水，午中丁火然，子午沖氣不聚，戊土雙透癸水不成形，順運喜風又不宜子運不吉，如透丙庚，官遷顯秩，有丙又逢丁歷任封疆大吏，干多庚透丙癸良工琢玉，柱無金若無剋制反升伏，癡鈍寒蠅。壬水高透運逢印，貧夭相繼。甲己雙合支有辰，富貴可期。二己一甲男逢飄逐水，女揚花舞春風。子午齊來能剋制，戊午同見越光明，東南正是身強地，西北休囚已喪形。

本造恭請祖師聖示以《大衍之數》相呼應得：九九八八八八（20觀）上九：觀其生，君子無咎。《象》曰：觀其生，志未平也。

※杯水車薪，小心駛得百年船。

楠評註：甲日午月專用癸水，年柱戊子，癸水得地，逢月戊午支正沖，戊土雙透，癸水氣不相通。柱無庚，缺丙不成大器，干有透，喜用武將之職。

甲日未月－〇一一乾

庚寅
癸未
日主　甲子
丁卯

甲日六月甲子日，月透癸水，為格之正用，庚金發水源，財官印全高造成就非凡，功成名就之造，全憑調候得宜。透癸困丁，子息遲。印旺用傷官生財，丁火通根於未月，癸水蓋頭，雖有富可言，昔云；不孝有三，無後為大。甲木有根生六月，財官有氣福非常，逆行最喜東方運，東北行來更妙哉。

本造恭請祖師聖示以《大衍之數》相呼應得：七八八八六七（27頤）

六二：顛頤，拂經於丘頤，征凶。《象》曰：六二征凶，行失類也。

※賣主求榮，自力更生。

楠評註：甲日未月癸丁庚，喜用全備，成就功名大業。甲子日丁卯時乃子卯刑，子息遲。癸水通根日主甲子得令，謂格局之成，富貴雙全。

甲日未月－〇一二坤

辛巳
乙未
日主　甲戌
戊辰

甲日六月辛官透出，無印護官，財旺身輕，未月支藏木官時，不分順逆格高低，南方行去東方運，

西位休愁戌亥虧，用神癸丁柱全無，先有丁後有庚，凌風秋鶚，如逢丁再遇癸，啼月之寒烏。甲日未月土重重，戊透天干又逢庫，須透甲木來解脫，官印是藥卻有缺。

本造恭請祖師聖示以《大衍之數》相呼應得：七七七六九七（10履）

六三：眇能視，跛能履，履虎尾，咥人凶。武人為於大君。

《象》曰：眇能視不足以有明也，跛能履不足以與行也，咥人凶位不當也，武人為於大君志剛也。

※伴君如伴虎，自不量力。

楠評註：甲日未月，支逢未戌辰。土太旺而制水太過，四柱喜用全無，專用年上辛金，通根日主甲戌，辛戊丁引出弱金，雖財官雙透，女命財官印全可謂佳造。一生辛勞。

甲日申月－〇一三乾

癸卯
庚申
日主 甲寅
丁卯

甲日申月秋木為成器之木，無庚不能劈甲，無丁未能煉庚，庚丁齊透大富貴之造，支有寅卯助身轉強，得庚申七煞坐祿為正用之格，用庚逢丁殺印相生，運行金水必然顯達，庚出無丁制必傷甲木，庚透無丁一富而已，操心太重不能坐享其成，不透庚出丁青衿小富，甲木休囚無氣無丁殘疾之身，庚丁同透富貴可考，偏官有制化為權，青年穩步發少年，早歲題名有黃榜，所謂平生有富貴。

本造恭請祖師聖示以《大衍之數》相呼應得：八七七八八七（17隨）

隨：元亨，利貞，無咎。《象》曰：澤中有雷，隨。君子以嚮晦入宴息。

《彖》曰：剛來而下柔，動而說，隨。大亨貞無咎，而天下隨時，隨時之義大矣哉。

※按部就班，高枕無憂。

楠評註：甲日孟秋，始能成器之木，喜用丁庚，以丁火煉庚才僻甲，時上陽刃更喜庚金得祿之旺地，陽刃駕殺格局之成，全賴喜用調候，金水運大吉，丁火乃傷官制殺為用。

甲日申月－〇一四坤

乙未
甲申
日主 甲辰
己巳

甲日申支，申辰拱子洩殺太過，專用申宮庚金得祿，午運不吉，甲日七月身弱變強，無庚又無丁，只宜行庚丁運方有出頭，入秋甲木偏喜陰火，帶火之木兼愛陽金，申金剛健月支逢，水土長生在此宮，巳午爐中成劍戟，申辰局裡行先鋒，偏官不可例言凶，有制還他衣祿豐，身強會印殺星淺，沖印大運總是險。

本造恭請祖師聖示以《大衍之數》相呼應得：九八八八八七（27頤）上九：由頤，厲吉，利涉大川。《象》曰：由頤厲吉，大有慶也。

※步步為營，終有成就。

楠評註：甲辰日甲申月拱水局，庚丁無透，只用申宮庚金，未宮丁火洩殺，七月甲木變強，行丁運、庚運轉吉祥，午運不吉。

甲日酉月一〇一五乾

丁亥
己酉
日主 甲寅
辛未

甲日八月透丁逢財護官有功，時上透官己土正財通關橋樑，丁火不致沖破正官貴矣，癸運利於學丹青，透丙不見癸，專用食神，有丙又逢庚，射利江淮，支會金局透庚膏肓二豎子，露丙逢癸茅塞不開，水為病，丁辛二透留官為貴，若見癸水剋火無功，透丙不見癸，食神得力，甲日酉月正官旺，用神透年實得力，己土正財來護官，福祿喜神享不完。

本造恭請祖師聖示以《大衍之數》相呼應得：七八七九八八（56旅）

九三：旅焚其次，喪其童僕，貞厲。

《象》曰：旅焚其次，亦以傷矣。以旅與下，其義喪也。

※大意失荊州，步步為營。

楠評註：甲日八月用庚丁丙，此造透丁火，本為制官星之物，月上透正財，成橋樑通關之神，使丁火生財，不剋辛正官，庚金不透成普通之造，地支如會金局又透干，健康不佳。

甲日酉月－〇一六坤

辛酉
丁酉
日主 甲申
甲戌

甲日八月支會金局，年上月支正官被丁火所傷，辛丁並位官星被制剋，順行坎地必成難，逆轉男離官被制，須知祿盡福不全，支內暗藏官帶合，定然有寵在偏官，識得堪泉如鏡賦，萬卷千秋永不磨，甲日酉月官殺局，正官透出實為奇，丁火緊鄰甚可惜，再入癸運適丹青。

本造恭請祖師聖示以《大衍之數》相呼應得：八九九九八七（49革）

革：巳日乃孚，元亨利貞，悔亡。《象》曰：澤中有火，革。君子以治曆明時。

※君臣有禮，父子有親。

楠評註：甲日酉月年透正官，支會煞，丁火本為喜用，女命正官為夫星，被丁火所制故而不貴，且多病之造。

甲日戌月－〇一七乾

癸巳
壬戌
日主 甲午
丁卯

甲日戌月正用壬丁癸，八字無庚透，行甲乙運為慷慨疏財之運，壬癸丁全透功名可顯，癸丁同透魚躍龍門，水火土全備畫龍點睛。

本造恭請祖師聖示以《大衍之數》相呼應得：八八八九八八（15謙）

九三：勞謙，君子有終吉。《象》曰：勞謙君子，萬民服也。

※吃苦耐勞，謙卑為懷，做好事的人最後得到別人的讚揚。

楠評註：甲日季秋用丁壬癸，本造丁壬癸全透可求功名，月時雙合出孝賢子息，年支癸巳、庚金長生，不忌甲乙運。出手大方慷慨。

甲日戌月－〇一八乾

壬寅
庚戌
日主 甲申
乙丑

三秋甲木以庚為貴，壬透取煞印亦是斯文，支火旺以水為救謂同，因病得藥，庚透不忌甲乙運，無庚逢甲乙運，謂敗財之運。得丁運呼風喚雨。無用神者不是凶，只是平常之造。

本造恭請祖師聖示以《大衍之數》呼應得：八七七六八六（45萃）

六三：萃如，嗟如，無攸利，往無咎，小吝。《象》曰：往無咎，上巽也。

※有順勢而為的意思，共謀無利，不可鐵齒。

楠評註：甲日戌月，取丁壬癸為用神，三秋甲木用庚為貴，且不忌甲乙運，缺庚則甲乙運為敗財之運，全無喜用神平常之造，丁運發達。

甲日亥月－〇一九乾

辛丑

己亥

日主 甲辰

壬申

甲日十月壬水司令，庚為君，丁丙為次，壬透天干則需戊土出干制，壬水不透不需戊土，一丁一庚可以取貴，丙戊配合得宜成功之造，依蘭台妙選云：壬申癸酉劍鋒金，甲辰日為燈花，故云：燈花拂劍。燈花拂劍，妻賢子孝。支有申亥，干戊己可取小貴，異路恩封以上造化原鑰。

楠評註：甲日亥月，專用丁庚戊，亥月壬水司令，透壬癸需戊己土中和，支全水局四柱缺火過於寒凍。戊丁丙運取功名之道，妻賢子孝。

甲日亥月－〇二〇乾

丙子
己亥
日主 甲辰
丙寅

甲日亥月干透丙有根，謂：木火通明。專用丙火，寒木相陽可取貴，四柱缺金無庚辛，比劫運成中有敗，甲日亥月得長生，食神生財志有伸，悶向心來嗑睡多，人逢喜事精神爽。

本造恭請祖師聖示以《大衍之數》相呼應得：七六八七八八（52艮）

六五：艮其輔，言有序，悔亡。《象》曰：艮其輔，以中正也。

※艮止其輔相得益彰，循序漸進輔助有成，左右共治，條條有理。

楠評註：甲木十月天氣漸寒，專用丙火，食神成格，丙火通根寅時格局之成，謂寒木向陽。四柱無庚辛，甲乙運中，成中有敗。

甲日子月－〇二一乾

丙子
庚子
日主　甲戌
丁卯

甲日十一月性本已寒，先丁後庚丙佐之，庚丁得寅巳桂苑之枝，癸傷丁火無土制連綿之疾，壬水重重無丁火合井底之蛙，支會水局無土制，木漂流魂寄他鄉，甲日子月為印授，順行不似逆運高，官多煞旺東方運，干為相逢總不勞。

本造恭請祖師聖示以《大衍之數》相呼應得：七七八七七八（57巽）

巽：小亨，利有攸往，利見大人。《象》曰：隨風，巽。君子以申命行事。

※君子應明白這個道理，像風一樣不停息，從而推行命令中規定的事項。

楠評註：甲木仲冬，癸水得令，用神丙丁庚。十一月木性已寒，取丁、庚丙火暖木，傷官制煞為正用，忌印授運。

甲日子月－〇二三坤

壬申

壬子

日主　甲子

乙丑

甲日子月天已寒，柱為丙丁命孤單，壬水雙透，無丁合戊制井底之蛙，支會水局木漂流，有病無藥魂寄客鄉，癸透需土制，壬透需丁合，地支會木也散盡元神，需庚透，支會金局需火煉，用神取捨需看全局，依喜忌病藥論。

本造恭請祖師聖示以《大衍之數》相呼應得：八八七八八七（51震）

震：亨，震來虩虩，笑言啞啞，震驚百里，不喪匕鬯。

《象》曰：洊雷，震。君子以恐懼脩省。

※必須時時戒懼謹慎，時時反省自己可免禍患。宜積德、修福、行善。

楠評註：甲木子月，支全水局。四柱無火土，壬水雙透有沖奔之勢，戊運轉吉。逢丁合壬成木，扶身之用，丙丁戊己大運吉。幼年亥運困苦之象，漂流木，謂水泛木浮。飄零落花。

甲日丑月－〇二三乾

己巳
丁丑
日主 甲戌
庚午

甲日丑月庚透丁藏溫文儒雅，庚丁全透戎裝赫奕，丁火重重透比肩，縉紳之士，獨木丁火田舍公郎，地支會水再入水運不吉。甲日天元值丑提，分明大運喜東西，發財發福多榮達，午未之中亦不宜。

本造恭請祖師以《大衍之數》相呼應得：八九八七九九（5需之15謙）

謙：亨，君子有終。《象》曰：地中有山，謙。君子以裒多益寡，稱物平施。

※謙虛有禮智慧用，君子終身謙為德。福祿壽喜綿延長，滿門喜色從天降，三錫鴻恩指日來。

楠評註：甲木丑月，小寒之後氣溫甚寒，專用丁庚，後用巳宮丙火暖之，日元無根謂獨木丁火大戶人家，木運金運取貴。

甲日丑月－〇二四坤

丙午
辛丑
日主　甲戌
戊辰

專用丙火被合不做大吉論，辛金正官夫星被奪婚姻不順，甲日丑月不取正官，入墓之格不成大器，異途求富，癸透天干不貧亦孤。甲日丑月官入墓，正官見合夫被奪，運喜東南只忌未，食傷運暖木重生。

本造恭請祖師聖示以《大衍之數》相呼應得：七八七八七七（38睽）

睽：小事吉。《象》曰：上火下澤，睽。君子以同而異。

※睽孤之世，異中求同，求大同而存小異，先失而後得之象。

楠評註：甲木丑月取丙丁庚，年月丙辛合化水，夫星正官被奪，丑月為辛墓庫，不取用正官格，大運忌沖提。丁、庚運發達，先苦後甘。

乙日寅月－〇二五乾

己卯
丙寅
日主　乙亥
癸未

乙日寅月取用丙癸，有癸無丙孤陰不生，癸己多見又為困丙，無丙陰濕不能使木繁榮，甲木參天乙木卉草，得丙透天大地春回，丙癸全透門戶顯揚，獨陽木長俗富之人。

本造恭請祖師聖示以《大衍之數》相呼應得：七九八七七八（57巽）

九五：貞吉，悔亡，無不利。無初有終，先庚三日，後庚三日。

《象》曰：九五之吉，位正中也。

※站得住腳，處的地位正，處事中立，立於不敗之地。

楠評註：乙木寅月，取用丙癸，乙木花卉，正月氣尚寒喜丙火，癸水為相輔相成。

一丙透干為大地回春，丙癸全透榮祿顯揚。

乙日寅月一〇二六乾

庚寅
戊寅
日主 乙未
甲申

乙日寅月透戊合癸晦丙，命理八字千變萬化，本造仍以財生官取貴，四柱無癸異途功名，官星通根於申宮，戊土為病，甲木為藥。乙木寅月傷官財，財殺相逢更有歡，順運連行多福祿，無財無殺亦貧寒。

本造恭請祖師聖示以《大衍之數》相呼應得：八八九八八九（51震）九四：震遂泥。《象》曰：震遂泥，未光也。

※膽子太小無法繼承大事業，能處變不驚就不會陷在其中，不料雲來蔽明月，誰知雪冷透衣襟。

楠評註：乙木寅月，透戊制癸為病，時上甲木剋戊為藥。年月寅宮傷官生財為用。正官庚金隔位不合尚能取貴。巳午未運發榮。

乙日卯月一〇二七乾

丁亥
癸卯
日主 乙巳
丙戌

乙日卯月丙為君，癸為臣，庚金藏支貴非常，言丙癸不言丁壬。因丁壬貪合之情，庚透有合官之嫌，易成從化，透癸露丙不見官，門迎三千珠履，戶候娥冠五百賓，無殺有印十二金釵，丙癸逢亥卯未全龍門顯達。

本造恭請祖師以《大衍之數》相呼應得：七八七九七八（50鼎）

九三：鼎耳革，其行塞，雉膏不食，方雨虧悔，終吉。《象》曰：鼎耳革，失其義也。

※千里馬亦須伯樂，否則也會懷才不遇，經歷過千錘百鍊最後亦會成功，唯有固德之才才能體會照應。

楠評註：乙日卯月，日元得令，用丙癸庚。庚金忌與日元並位合官失其威力。本造專用丙癸，庚藏巳宮貴非常，不被傷官制。

乙日卯月─〇二八乾

甲申
丁卯
日主　乙亥
壬午

乙日卯月號得祿，支成木局曲直仁壽，丙癸相濟得宜，木火通明文苑蜚聲，癸多困丙或合癸相濟皆失，透癸無剋功名勳業，丁火出干無制亦可取貴，容易被壬癸合制。乙木提綱值仲春，財官有趣亦超群，火金大運皆為美，白手興家運等倫。

本造恭請祖師以《大衍之數》相呼應得：八八八八九六（7師）

九二：在師中吉，無咎，王三錫命。

《象》曰：在師中吉，承天寵也，王三錫命，懷萬邦也。

※在團體中才能出類拔萃，獲得上級與屬下的信任，領導有方屢獲佳評。

楠評註：乙木二月用丙癸庚，本造四柱無丙癸以丁壬取代。有貪合之嫌失去調候之功，專用申宮庚金。正官力微，丁火出干無制亦可取貴。

乙日辰月－○二九乾

癸巳

丙辰

日主　乙未

甲申

三月陽氣已盛，先癸後丙，無透己庚者才高八斗，露丙透戊支會水景運鴻升，己庚混癸丙家無宿糧。

癸丙兩透格局高，運入西方貴非常，無己庚玉堂之客，見己庚平常之造。

本造恭請祖師聖示以《大衍之數》相呼應得：八九九七八八（31感）

九五：咸其脢，無悔。《象》曰：咸其脢，志末也。

※無心之感。謙虛能納物，小富勤儉，大富由天以財取貴，得貴獲福。

楠評註：乙日辰月氣已陽和，先癸後丙，三月戊土司令，戊己不透干及庚金，學富五車。己庚雙透，白手起家。癸丙雙透，可求富貴。

乙日辰月－〇三〇乾

乙酉
庚辰
日主　乙酉
己卯

乙木辰提為雜氣，西方大運亦無高，若行戊運多顛倒，刑併入財壽不牢。辰月忌庚金鄰位相合，歲干丁火虎帳請纓，兩見庚辰窮途落魄，己土傷癸不宜透干，乙木陰柔無用財官之法，支水汪洋己土不能為水逐提，戊土出干可異途發達，無戊土制水漂流之命。

本造恭請祖師聖示以《大衍之數》相呼應得：八九八八九九（60節之2坤）

坤：元亨，利牝馬之貞。君子有攸往，先迷後得主。利西南得朋，東北喪朋，安貞吉。

《象》曰：地勢坤，君子以厚德載物。

※同甘共苦，知所進退，不可拘泥。苦節之變，成中有失，多少能力做多少事。

楠評註：乙木季春用癸丙，己庚齊透家無遺糧。日元月柱雙六合，和氣致祥。干透丁火為武將之造，虎帳請纓。

乙日巳月－〇三一乾

丙申

癸巳

日主　乙酉
庚辰

乙日巳月癸水潺潺齊透天干，眉飛色彩也透庚辛比主吉祥，水無根亦屬常人，丙戌出干財局無效。乙木相逢孟夏時，運行東北始為奇，柱中更值無根裔，順運終防壽不齊。

本造恭請祖師聖示以《大衍之數》相呼應得：八六八七七八（46升）

六五：貞吉，升階。《象》曰：貞吉升階，大得志也。

※眾望所歸，萬眾一心的願，亦可論功行賞。

楠評註：乙木四月專用癸水，氣入孟夏，癸水透干無土混雜，吉祥如意之造。癸水若地支無根，只言平常之造，蓋乙木喜偏印成格，格局之成。

乙日巳月－〇三二乾

乙酉
辛巳

日主　乙未

戊寅

乙木傷官火最強，運逢官殺轉為良，只怕水多傷不盡，一身名利有乖張。丙戊重重支會火，兩眼無神目疾之虞，乙木夏生不見用神，謂亂臣無主。四柱無癸水，任何格局均不能取貴。

本造恭請祖師聖示以《大衍之數》相呼應得：八六八六八六（2坤之63既濟）

既濟：亨小利貞，初吉終亂。《象》曰：水在火上，既濟。君子以思患而豫防之。

※命中已經注定初吉終亂，凡事都要有心理準備。

楠評註：乙木巳月用癸，時上透出戊土反為病，乙木花卉之木無力制戊，成有病無藥之勢，四柱缺水恐有目疾，除了癸水任何格局均不佳。

乙日午月－〇三三坤

甲申

庚午
日主 乙卯
癸未

乙日午月木向南奔軟怯，首選癸水忌戊運，無癸可以壬代替，但忌丁壬合，癸水無根需庚辛金生水，月庚時癸位三台，得官失印難拾採，丙透支會火痼疾纏身，壬癸當頭僥倖獲救，何須著意求佳景，自有奇逢應早春。

本造恭請祖師聖示以《大衍之數》相呼應得：八六八九八六（15謙之3屯）

屯：元亨利貞，勿用有攸往，利建候。《象》曰：雲雷，屯。君子以經綸。

※禮賢下士大得民心，多加琢磨，謙卑度難關。

楠評註：乙木午月首選癸水，支半會火局，幸得癸水透時干，但忌戊運，自取其辱。

八字無癸字可用壬代替，忌與丁並位，先苦後甘。

乙日午月一〇三四乾

乙未
壬午
日主 乙巳
甲申

乙日午月支會火，無癸用壬，夏至前先癸後丙，夏至後陰生丙癸並用，透壬忌丁運，禍不單行。乙木如逢午月天，食神有氣怕身淺，柱中若是根基薄，大運堤防喜逆行。

本造恭請祖師聖示以《大衍之數》相呼應得：九八八七七七（26大畜）

上九：何天之衢，亨。《象》曰：何天之衢，道大行也。

※大道通行無阻。在研習階段，必須長時間放棄休閒加以磨練，任重而道遠。

楠評註：乙木午月支會火局，幸得一壬通根申宮，謂長生水。專用壬忌入丁運，百般不順。白手起家自有出頭日。

乙日未月－〇三五乾

庚寅
癸未
日主 乙卯
丙子

六月乙木性枯寒，金水多者用丙癸，柱有辛金用丙，富貴全憑癸水，透戊土需用甲木破戊，有病得藥成功之造，大暑後水進氣，需有丙。無癸運不行北，困苦。未月生逢乙日干，柱中官殺亦為歡，順運西北傷元壽，逆走東南福更寬。

本造恭請祖師聖示以《大衍之數》相呼應得：八七八八八八（8比）

比：吉，原筮，元永貞，無咎，不寧方來，後夫凶。

《象》曰：地上有水，比。先王以建萬國親諸候。

※與人交往不計利益就會得到知心朋友，對屬下也要禮賢下士才能服眾。

楠評註：乙木未月喜癸丙，四柱癸丙均通根，成傷官配印格局之成。年上庚金可生癸水之用，五行中和之道，恭謙禮賢可求富貴。

乙日未月一〇三六乾

戊申
己未
日主 乙酉
丙戌

戊己透天干有比則吉，土多不見甲難鍾靈毓秀，柱多金水，木得癸則顯，透丁無癸總是凡庸，癸丙甲得以制戊遊癢食粟，丙辛化合以未荒唐傾家。

本造恭請祖師聖示以《大衍之數》相呼應得：七六七八六八（35晉）

六五：悔亡，失得勿恤，往吉，無不利。《象》曰：失得勿恤，往有慶也。

※心胸坦蕩蕩，但防人之心不可無，先失後得，勇往直前，困難重重還是可以迎刃而解。

楠評註：乙木六月，支會金局自有生水之功，惜干透戊己土，缺甲疏土，謂土多不見甲木難顯其靈秀。行事宜小心謹慎，甲運、寅運大吉之象。

乙日申月一〇三七乾

己卯
壬申
日主　乙未
丙子

七月庚金司令，乙木並位合於輸情，丙癸調和得宜富貴兩全，己透丙得位上格，用己土甚為巧妙，無己土漂浮之木，無丙癸用己土，不缺衣食。乙木天然時丙子，無官沖害方爲此，管教一舉佔鰲頭，名揚四海振古今。

本造恭請祖師聖示以《大衍之數》相呼應得：八八九八七七（54歸妹）九四：歸妹愆期，遲歸有時。《象》曰：愆期之志，有待而行也。

※機會留給準備好的人，要時時充實自己，提升成就待價而沽。

楠評註：乙木申月喜用己丙癸，己丙雙透支藏子，癸水專位，調候得宜富貴可得，柱無己土漂流之木，專用己土，柱如無丙癸衣食不缺。

乙日申月一〇三八乾

癸巳
庚申
日主 乙未
壬午

乙日申月財官印，壬癸全透甚不宜，有支會火來取暖，金寒水冷怎堪當。柱無丙己多庚癸，流落他鄉。乙木生來值孟秋，財官印綬忌身柔，中年不喜行西北，順運無如逆運通，雲深有月光難見，海闊無風浪自生。

本造恭請祖師聖示以《大衍之數》相呼應得：八九八九八八（39蹇）

九五：大蹇，朋來。《象》曰：大蹇朋來，以中節也。

※平常以禮待人，國家有難時各國友邦伸出援手來幫忙，平時與各友邦有禮尚往來。

楠評註：乙木七月值孟秋，地支會火得取暖，天干透出壬癸制火調和，不失偏枯，微土來固乙木牢，官印相生格，為人和藹親切。

乙日酉月一〇三九乾

己巳
癸酉
日主 乙丑
戊寅

木至白露氣已衰絕，三秋金神秉令，木在胎絕之位，不能無印化煞，秋分前用癸水，秋分後寒氣漸升宜用丙，癸印如雨露，丙火如太陽，陰陽相濟之功生氣盎然。從殺乙木財相連，癸水出干丙有源，陰木煞位是極品，調配均停兩相宜。

本造恭請祖師聖示以《大衍之數》相呼應得：八八八九八八（15謙）九三：勞謙，君子有終吉。《象》曰：勞謙君子，萬民服也。

※一個吃苦耐勞、謙卑爲懷做善事的人，最後一定會得到別人的賞識。腳踏實地不亢不卑，可以託付的君子。

楠評註：乙木酉月氣已衰，八月辛金秉令。非印不能存，專用癸丙丁。丙火乃太陽也，水火相濟之功。本造月柱透癸印通根丑宮，巳、寅宮得丙火長生祿位，功成名就。

乙日酉月－〇四〇乾

辛巳
丁酉
日主 乙亥
甲申

癸丙齊透關中秉鉞，水火俱無林下投簪，癸透無壬衣食無缺，柱有癸水又透丙，文入詞林。透癸無丙絕不稱心如意，丙丁戊全透異路功名，富中取貴。乙木酉月殺多強，大運功名佐廟廊，若是有根喜行北，北行火運又非常。

本造恭請祖師聖示以《大衍之數》相呼應得：八八九六六九（51雷之46升）（升・六五）：貞吉，升階。《象》曰：貞吉升階，大得志也。

※處事謹慎不存僥倖之心，步步高升受到禮遇。

楠評註：乙木仲秋癸丙丁，本造年干七殺有制得宜，無癸用亥，申宮壬水取用故不大貴，巳宮丙火與亥隔位不沖，可求異途功名。

乙日戌月－〇四一乾

甲寅
甲戌
日主　乙酉
丙子

乙木戌月落葉枯枝，必賴水養命之源，見甲申時為籐蘿繫甲，可秋可冬。透辛無癸多起多落，戊己土多透天干無比印可論從財，又透比印屋富人貧。乙日戌月支會火，日坐七殺印得祿，干透癸辛殺印顯，無癸則辱，無辛則貧。

本造恭請祖師聖示以《大衍之數》相呼應得：九八八九八六（52艮之24復）

復：亨，出入無疾，朋來無咎。反復其道，七日來復，利有攸往。

《象》曰：雷在地中，復。先王以至日閉關，商旅不行，後不省方。

楠評註：乙木戌月，全用辛癸。年月甲寅、甲戌會火局，甲木雙透謂藤羅繫甲，秋冬不忌。專用丙子柱，丙火通根寅宮，子時癸水得令，又逢貴人。

乙日戌月－〇四二坤

己卯
甲戌
日主 乙未
丁丑

支逢三刑恐婚姻有礙，甲木乃助身之物，被合化土做三刑。財旺喜逢官殺至，印運發福至中年，乙日戌月多財殺，唯恐初年疾病生，若到中年多發福，不拘順逆總宜行。

本造恭請祖師聖示以《大衍之數》相呼應得：六八八六九七（19臨）

臨：元亨利貞，至於月有凶。

《象》曰：澤上有地，臨。君子以教思無窮，容保民無疆。

※臨觀之義或予或求。處盛而知衰，居安而思危，需適時而警惕安危。

楠評註：乙木九月謂季秋，支逢三刑恐有礙婚姻，年月雙合乖巧之人，聰明伶俐。專用時上丁火食神成格，水運發達。

乙日亥月－〇四三乾

丙子

己亥

日主　乙卯

戊寅

亥月壬水司令，丙爲尊，壬多用戊制，水多無戊木漂浮，戊用制水之藥，丙戊並用得宜可許富貴，多見戊土反而不妙，需甲木出干制戊，相生相制得以活用，透早戊者廣交善談，但好生禍亂之徒，雙透甲木無庚制，貧困之造。寒木向陽，不失富貴。

本造恭請祖師聖示以《大衍之數》相呼應得：八七八八八六（8比）初六：有孚比之，無咎。有孚盈缶，終來有他吉。《象》曰：比之初六，有他吉也。

※待人真誠充滿樸實，君子之交淡如水，別人會給他信心與鼓勵。

楠評註：乙木亥月孟冬時，十月壬水司令沖奔之勢，用丙用戊。戊正財乃養命之源，丙火透天洋洋得意，丙戊雙用成格，富貴可求。

乙日亥月－〇四四乾

甲申

乙亥

日主　乙未

甲申

支成木局謂小陽春，再見癸水需戊土爲救，雙透甲木需庚金僻，無多遷徙終非大器之造，比劫爭財者才能出眾，恃其才而生是非狂妄自大。乙木居亥印生身，逆走東南富貴真，有殺有官猶喜順，到頭大限怕逢辰。

本造恭請祖師聖示以《大衍之數》相呼應得：七八六七八九（22賁）

六四：賁如皤如，白馬翰如，匪寇婚媾。

《象》曰：六四當位疑也，匪寇婚媾，終無尤也。

※身心保持貞潔，做身分適當的工作，不受任何威脅利誘，終無所怨言。

楠評註：乙木亥月，支會木局稱小陽春。比劫根重才能過人，為人自大。四柱全透甲乙木，缺丙火，運入火土運，發達成功，謂少年得志。

乙日子月一〇四五乾

戊戌
甲子
日主　乙亥
丙戌

乙日子月居中天，更無官殺喜匆匆，逆行大運非常美，無殺無官逆運通。干透丙戊無癸水可求富貴，獨丁難以解凍，重重丁火老成內練且多子，倘支成水象無戊非夭也貧。十一月根葉寒凍，得丙火有向陽之意。

本造恭請祖師聖示以《大衍之數》相呼應得：八九八九八八（39蹇）

九五：大蹇，朋來。《象》曰：大蹇朋來，以中節也。

※平常以誠禮尚往來，國家遇到重大災難與危機，各國友邦伸出援手來相助，同心協力德化感召。

楠評註：乙木子月喜丙戊，支半會水局，喜年上透戊相制有成。時上透丙暖木，干無透癸水，寒木向陽，喜四柱無官殺相制，成功可得。

乙日子月－〇四六乾

癸未
甲子

日主　乙丑
丁亥

支會水局甚不詳，又透癸水怎堪殃，丁火透出雖能解燃眉之急卻非上造。本造多子，老謨深算之士，癸透天干支會水，應以戊土來救丙火解凍，丁火多為極智之人，丙丁戊全無至為下格，謂成中有敗。

本造恭請祖師聖示以《大衍之數》相呼應得：七七七九八八（33遯）

九三：係遯，有疾厲，畜臣妾，吉。

《象》曰：係遯之厲，有疾憊也。畜臣妾吉，不可大事也。。

※畜臣妾吉，謙卑以對。做下人的工作，讓敵人失去戒心，機會再來之時才能成功。

楠評註：乙木十一月喜丙戊，四柱支會水局，年干又透癸甚為不吉，此乃漂流之木。時上雖透丁火有解燃眉，總非佳造。丙戊運、巳午未運吉。

乙日丑月－○四七乾

己卯
丁丑
日主 乙卯
丙戌

木至十二月見丙有回春之象，天寒地凍乙木凋零，除了丙火別無用神可取，調候為急，一丙高照其力倍顯，冬至後丙火藏於寅巳，運行東南必然顯貴，柱中無壬癸不用戊，戊己全透不見比劫可從財，大富之造。比劫破財則貧，乙木陰柔不能破土，甲能回己無力沖剋。

本造恭請祖師聖示以《大衍之數》相呼應得：九八八八七八（4蒙）

上九：擊蒙，不利為寇，利禦寇。《象》曰：利用禦寇，上下順也。

※在上位對屬下愛之深責之切，賞罰分明，打破傳統，機緣可遇不可求。

楠評註：乙木丑月天寒地凍，柱見丙火有如回春之象，謂寒木向陽，再行火土，寅、巳運特達。乙木得祿於卯支不得從財，乙木無根不見比劫可從財，大富之造。

乙日丑月一〇四八乾

壬午
癸丑
日主　乙酉
辛巳

乙日十二月天寒地凍，壬癸全透無土制，全賴午中丁火、巳中丙戊相助，支中會金火已熄，乙日酉支木絕元氣，支會金局已傷木丙火，會金無力之功，一富不能取貴。乙木提綱值丑宮，南方第一次西東，縱使不登黃金榜，豪富終需並石崇。

本造恭請祖師聖示以《大衍之數》相呼應得：七六六八七八（4蒙）

六五：童蒙，吉。《象》曰：童蒙之吉，順以巽也。

※為人處事要有赤子之心的熱忱，對人事物皆能平順而無衝突，活潑進取難能可貴。

楠評註：乙木丑月支會金局，天干又雙見壬癸水甚為不吉，全賴巳、午宮丙戊丁巳相助，火土運大吉，健康欠佳。

丙日寅月一〇四九乾

壬寅
壬寅
日主 丙戌
庚寅

丙火得寅而可貴，壬庚透干最為奇，透壬藏庚異路功名，年時皆辛登徒色藝，壬多丙少有戊藏凶頑變吉，戊多不見甲，窮酸氣沖。殺重身輕無土制刁惡不悛，透庚支藏丙，捐職遷爵，壬庚兩透自然顯造。

本造恭請祖師聖示以《大衍之數》相呼應得：八八九七七九（34大壯）九四：貞吉悔亡，藩決不羸，壯於大輿之輹。《象》曰：藩決不羸，尚往也。

※障礙已經克服，前途暢行無阻。可以行君子之道不順的地方，稍加改善可克服難關，前進順暢。

楠評註：丙火寅月取壬庚，正月丙火喜財生殺，庚壬雙透富貴之造，壬多不見丙透，支藏戊凶變吉。戊多不見甲，晦丙則不吉。

丙日寅月－〇五〇乾

戊子
甲寅
日主 丙子
丁酉

丙火生寅正月三陽開泰，火氣漸炎，取壬為君，庚金為佐。正月甲木得祿，用壬方顯晶瑩之象。寅宮水已絕地故取庚為佐，一壬透丙藏寅巳納粟奏名，為人英風慷慨，光明磊落才華出眾。

本造恭請祖師聖示以《大衍之數》相呼應得：八八八八八八（2坤）

坤：元亨，利牝馬之貞。君子有攸往，先迷後得主。利西南得朋，東北喪朋，安貞吉。

《象》曰：地勢坤，君子以厚德載物。

※至哉坤元乃順承天，先失後得，德合天疆，順勢而為。

楠評註：丙火寅月火氣漸炎，以壬殺為君，庚金偏財相輔相佐，戊透以甲木相制，配合得宜。壬庚運均是發展之途，食神成格酒量驚人。

丙日卯月－〇五一乾

壬申

癸卯

日主　丙戌

庚寅

正用壬庚為財滋殺用，壬透有根庚金為輔，可求功名富貴，丁透有羈合之病故以為忌，無官殺用戊己為食傷生財，雖衣食不缺但凡人耳，主聰明有財學，月令逢印，傷官透干兩不相礙，壬水過旺須戊土制不失顯達，戊土過多則甲木相救。丙火日干卯印提，干弱如逢喜火鄉，若是無煞尤不利，卻行身旺亦平常。

本造恭請祖師聖示以《大衍之數》相呼應得：七八七八九八（64未濟）

九二：曳其輪，貞吉。《象》曰：九二貞吉，中以行正也。

※處事小心如履薄冰，固守原則不能違乎常理，凡事三思而後行終能守吉。

楠評註：丙火卯月木正盛，用庚忌與乙並位，貪合忘剋。壬透忌戊土相制，丁火合壬之故，取丁火為病，戊運制壬須甲木方能解救，可求富貴之造。

丙日卯月－○五二乾

丙戌

辛卯

日主 丙戌

辛卯

壬生得位有主富貴，雖不科甲異途之功，丙日辛卯雙透祖業敗光，酒色昏迷辛多透壬，妻妾子息多，丁破辛金存壬水，人才出眾。丁透解合剋辛之患，透己為壬衣暖食豐，火氣重重產四陽，七殺無制奔波之命，壬透有根名高望眾，丙見辛金謂貪合。

本造恭請祖師聖示以《大衍之數》相呼應得：八八六九九八（46升）

升：元亨，用見大人，勿恤，南征吉。

《象》曰：地中有木，升。君子以順德，積小以高大。

※君子以順德總會感到和順之德，不可因小善而不為。

楠評註：丙火二月用庚壬，四柱全雙鴦合坤造不吉，乾造亦酒色昏迷，透丁破辛可解，否則丙辛雙合難解。四柱雙鴦合財，好吃懶做。

丙日辰月－〇五三乾

辛巳

壬辰

日主　丙申

甲午

三月火氣漸炎專用壬水，支成辰戌丑未土局須透甲木，穀雨之後土旺雖不見戊土，無形有晦丙塞壬之患，故取壬水專用，甲木為輔，甲木出干丙壬則氣清，取貴自然。透壬忌戊土，透甲忌庚制以上造化原鑰，壬甲齊透天蟾宮隱步，庚金破甲麟閣難登，甲透缺壬蠅頭覓利，藏壬無甲少年失意。

本造恭請祖師聖示以《大衍之數》相呼應得：六六八八七七（19臨）

上九：敦臨，吉，無咎。《象》曰：敦臨之吉，志在內也。

※仁政的表現不因位高而不肯趨卑，曲高和寡仁政愛民，務實管理收穫可期。

楠評註：丙火辰月，癸水入墓之故而用壬，三月戊土司令，需配甲卯破土之用，甲木透干，丙壬氣清，干不見丁己，大將之造，用壬七煞忌丁戊運。

丙日辰月－一〇五四乾

己丑

戊辰
日主　丙子
庚寅

天干戊己土重缺甲木出干，反透庚破甲，專用寅宮，甲木被制少年落魄，壬運來臨亦難有大發展。喜用被制有病無藥，一生到老奔波。丙日辰堤戊己多，傷官火土更如何，逢財逢印多通達，南北相逢總不過。

本造恭請祖師聖示以《大衍之數》相呼應得：九七七九七八（44姤）上九：姤其角，吝，無咎。《象》曰：姤其角，上窮吝也。

※突如其來的變遷動盪太大，不能虛心以對，雖然有危機意識想度過難關，還是要誠心改革，開源節流量力而為。

楠評註：丙日主辰月，用壬甲。四柱天干透戊己土乃制水之物，需甲木透出干制戊己土，時柱透出庚金又制寅宮甲木，勞碌奔波，壬運稍可解。

丙日巳月一〇五五乾

庚寅
辛巳
日主 丙子
壬辰

三夏丙火須壬水解炎，四月丙建祿火勢炎熱，專用壬水解火威力既濟之功。四柱無王孤陽失輔，須得庚金發水源，壬透兩透湖海汪洋，光輝顯著，丙火巳月不忌水剋，丙火無壬缺晶瑩之象。

本造恭請祖師聖示以《大衍之數》相呼應得：七八九八七八（64未濟）九四：貞吉，悔亡，震用罰癸方，三年有賞於大國。《象》曰：貞吉悔亡，志行也。

※反敗為勝，失而復得。

楠評註：丙火四月專用壬庚，癸藏子得祿，年柱庚金生水以濟調候之功，庚壬雙透格以成，日照江湖之象，廣輝太陽文明之境，吉祥之造。

丙日巳月一〇五六乾

戊戌
丁巳
日主 丙午
乙未

支會火局稱陽刃，丙爲陽之首，局中無一點水氣，無癸又無壬，寒門流雀。從旺不能成貴，孤陽金榜除名。丙火建祿日干強，官殺相逢大吉昌，順逆運行多發達，若行戌運有災殃，天干三奇乙丙丁，地支三會巳午未，水運特達，異途求富。

本造恭請祖師聖示以《大衍之數》相呼應得：七六八八七七（41損）

六五：或益之十朋之龜，弗克違，元吉。《象》曰：六五元吉，自上祐也。

※得上天的祐助，心胸坦誠以對待人，處事誠心以待四面八方的貴人，上天要賞識的恩惠，待人以誠水到渠成。

楠評註：四月丙火，地支會火局為陽刃，丙為陽之最，四柱中無一點水氣，漂流之輩。若行戌運寅年必有遺殃。壬運甲年可有成就。

丙日午月一〇五七乾

己丑
庚午
日主 丙辰
壬辰

壬庚二全可主富貴，才如囊中脫穎，戊己混壬功至幕下請纓，雜亂火土若逢癸乃盲孤獨，滿盤丙丁不見水削髮尼僧，庚金逢癸水財殊富厚，齊透甲乙背西北家素高明。丙火建祿日干強，官殺兩逢大吉昌，順逆運行多發達，若行戌運有災殃。

本造恭請祖師聖示以《大衍之數》相呼應得：七七八八八七（42益）

益：利有攸往，利涉大川。《象》曰：風雷，益。君子以見善則遷，有過則改。

※損而不吉必益，中正有慶，君子有過則改見善則遷，對人民有益之事盡心去做。

楠評註：丙日午月號陽刃，壬庚兩透功成名就，再行壬運求功名，癸運發財至富，寅運戌年必招殃，陽刃重逢三合，血光之災。

丙日午月一〇五八乾

戊戌
戊午
日主 丙寅
丁酉

丙日支會火，八字缺官殺，取炎上陽刃金運敗，火土之燥亦多富但不久，唯偏格之象有所不足，刑剋孤寡土多水潤，即能生金多主富，行木火運不吉，炎上行東南，合於炎上之性，行西北則向下，到寅卯方為生火，遇申酉必不吉，生居離位果斷有為，若居故鄉謹畏守禮，丙日午月水運不凶，金運甚是不吉運，丙之陽刃須二財一殺，透食神成中有敗。

本造恭請祖師聖示以《大衍之數》相呼應得八八八七七六（46升）

初六：允升，大吉。《象》曰：允升大吉，上合志也。

※平常積德行善終有善報，老天不會虧待善心的人。

楠評註：丙日五月火勢甚炎，需二庚一壬方成上格，四柱缺水支又會火局更炎，雙透戊土凡夫而已。透食神制殺為病，行甲運方能破土以解其病。

丙日未月－〇五九乾

庚寅

癸未

日主 丙寅

壬辰

丙逢未月傷官顯，官殺相逢未足奇，如得獨官為貴氣，運行西北利多馳。六月火氣漸退三伏生寒，己土洩氣，取庚佐壬，大暑前與五月一理，大暑後金水進氣，用壬須以庚金為佐，雖用庚壬，大運喜東南之地不利西北，有壬無戊，一方能人，己土出干混濁，庸夫俗子。庚壬兩透稱為上格，干一派丙火見戊制環境所縛，干支兩見庚壬，陽極陰生，科甲大臣。

本造恭請祖師聖示以《大衍之數》相呼應得：九八七八九八（64未濟）

上九：有孚於飲酒，無咎。濡其首，有孚失是。《象》曰：飲酒濡首，亦不知節也。

※得意忘形則樂極生悲，處事應不失原則與注意禮節。

楠評註：丙火未月，六月天氣尚熱，但大暑之後三伏生寒，土氣己洩取壬庚，丙火喜庚財生壬七殺，官高祿顯。

丙日未月－〇六〇乾

戊子

己未

日主　丙辰

戊戌

戊透缺壬，無水巨鱗，透壬無庚戊輝聯奎壁，見丙火異途取貴，土旺水渴早歲貧苦，運行北方家富，木運沖破傷官，宜行殺運濟江湖，庚辛壬癸登黃閣，印比重逢壽必阻，戊透制壬水無涯，專用己土富而不貴，六月丙火己土洩氣，若一派丙火專用財殺，運宜西北發財萬千。

本造恭請祖師聖示以《大衍之數》相呼應得：八七八七八九（63既濟）

初九：曳其輪，濡其尾，無咎。《象》曰：曳其輪，義無咎也。

※為人按部就班，欲速則不達，義無咎也。成就之後，還須謹慎穩重。

楠評註：丙日未月用壬庚，四柱年月時柱全透土局，又不成稼穡格，幼年貧困，本造專用己土，富而不久，行甲運壬年必有成就。

丙日申月 - 〇六一 坤

甲申

壬申
日主　丙辰
乙未

壬透天干無礙九苞靈鳳，一土化眾水千里神駒，殺重不見土朝秦暮楚，戊多壬少，心猿意馬，七月陽氣漸衰日近西山，土多必晦丙，七殺透天，日照江湖，專用壬水輔映，太陽光輝申宮壬水長生，庚金得祿丙火通根巳寅，身強用財滋殺丙火七月正格，殺印相生者大吉，獨成偏財格大富，地支會殺無食神貴，見偏財不宜見正財。

本造恭請祖師聖示以《大衍之數》相呼應得：八八六八八八（2坤）六四：括囊，無咎無譽。《象》曰：括囊無咎，慎不害也。

※為人處處小心，病從口入禍從口出，勿言他人之過，修身養性做好自己。

楠評註：丙火申月七煞長生，專用壬、甲，壬七煞透天成格，日照江湖，殺印相生格局之成大吉之造，庚運富貴可取。

丙日申月－〇六二乾

戊寅
庚申
日主 丙辰
甲午

食神生財富格，一派庚金，不見比印及辛金棄命從財，異途顯達多依親朋引進身之階，見辛金平常之造，見戊透制壬須甲木反剋，丙壬氣清方能取貴，水能化煞幫身故妻必賢能，壬多取戊土制殺重身淺之故，戊壬齊透，科甲之造，丙火申提日主柔，得從得化始為優，若從水位傷元壽，逆去東南福祿周。

本造恭請祖師聖示以《大衍之數》相呼應得：七八九八六六（35晉之41損）

損：有孚元吉，無咎可貞，利有攸往。曷之用，二簋可用享。

《象》曰：山下有澤，損。君子以懲忿窒慾。

※警惕凡事忍得住氣，吃虧就是佔便宜。

楠評註：丙火申月用壬、戊，缺庚不貴，四柱見甲木不得用從財，甲戊透干壬藏申宮，多因貴人相扶而成功，壬戊齊透才高八斗，食神生財格，身材魁梧。

丙日酉月一〇六三乾

壬申
己酉
日主 丙申
丙戌

丙火用壬，火照湖湖，相映生輝用壬配比印富貴可期，多比用財滋殺，富貴中人八月辛金當令，丙火氣衰用財晶瑩剔透，丙辛並位則丙怯，戊多困水己多混濁，支成金局大富之格，時透比肩不得從，丙逢酉提財會臨，支又會財享不停，壬透天干格局正，比肩幫身命方高。

本造恭請祖師聖示以《大衍之數》相呼應得：八七九八八八（45萃）

九四：大吉，無咎。《象》曰：大吉無咎，位不當也。

※對下從優，對上尊從不踰矩，配合無間諸事大吉。

楠評註：丙日酉月取壬癸，壬透天干忌見戊土，丙火用壬，天干無水，斯文之人，地支會金局，透比印不得從財，用壬七殺逢己土傷官凡人。

丙日酉月一〇六四乾

戊子

辛酉

日主 丙辰

己丑

辛金出干與丙火並位，丙火怯弱，地支會財則從，壬專用次癸水取代，富而不久，丙火至酉死地，須用壬水帶比印乃格之成，丙火無根從而不從，為一方能士，過繼房之造，丙逢酉月火衰微，比劫扶身壽必福，逆去東南為背祿，順行水地始為奇。

本造恭請祖師聖示以《大衍之數》相呼應得：九六九九八八（56旅之8比）

〈比‧初六〉：有孚比之，無咎。有孚盈缶，終來有他吉。

《象》曰：比之初六，有他吉也。

※待人有誠信必能得到回應，勿因小事而變掛。有孚盈缶，終有他人給予肯定。

楠評註：丙火八月用壬癸，四柱透戊己土，癸水藏支於子得祿，天干酉戊制支，丙火至酉地身己弱衰。處事膽怯，進取乏力，火運、甲運豐榮取富。

丙日戌月－〇六五乾

甲申

甲戌

日主　丙寅

壬辰

丙日戌月土旺晦丙，取甲專用次壬水為輔，丙火九月墓地之火亦土重晦光，見壬水如夕陽餘暉，正取甲木制戊次壬水輔映，甲壬兩透富貴非凡，癸水取代壬異途顯達，庚困甲，戊制壬下格，四柱無壬癸甲總是不佳，壬水輔丙有功癸水生甲木之用，丙衰三秋透甲壬，龍城飛將，火近重陽透甲癸，虎帳驍騎，庚戊困水木，三靈降譴，壬癸兼庚辛，二豎為災。

本造恭請祖師聖示以《大衍之數》相呼應得：九八八八八九（27頤）

上九：由頤，厲吉，利涉大川。《象》曰：由頤，厲吉，大有慶也。

※為大眾奉獻，大公無利。為私利則不予苟同，獨善其身。

楠評註：丙火戌月用甲壬，四柱支拱金局，甲壬齊透，甲壬成格之成，丙日九月見壬如夕陽餘映，成就非凡，功名可求。

丙日戌月－〇六六乾

丙戌
戊戌

日主 丙辰
戊子

九月丙火入墓炎上不得時，炎上必行東南運，己土出干無甲木平凡之造，九月土燥戊土司令，無壬甲癸，丙火亦難幫身，戊己出干須甲木相救，去病為貴，土為病，木為藥，壬癸相輔有成，用甲木制傷官化官殺者貴，專用壬水先貧後富，丙日戌提土重重，有殺無官迴不同，大運順行多富貴，若逢官殺亦平平。

本造恭請祖師聖示以《大衍之數》相呼應得：八八八八七七（19臨）

臨：元亨利貞，至於八月有凶。

《象》曰：澤上有地，臨。君子以教思無窮，容保民無疆。

※臨觀之義或予或求。大亨以正，天之道也。處盛而知衰，富而不久，居安思危。

楠評註：丙日戌月壬甲為用，四見兩戊制水為病，無甲相制如有病無藥。九月土燥晦丙之嫌，壬甲運顯達。

丙日亥月一〇六七乾

壬午
辛亥
日主 丙子
壬辰

辛金高透支帶辰，取高第如探囊，甲戌庚全透如金枝玉葉，丙辛化合見辰大貴之造，水多為殺旺有甲無戊，須傷官制煞為高，亥宮甲木長生四柱壬多，不得從殺而論，丙日亥提為殺印，分明大運喜東南，中年富貴非常美，運入西方壽不齊。

本造恭請祖師聖示以《大衍之數》相呼應得：九九七八八六（12否之51震）震；亨。震來虩虩，笑言啞啞。震驚百里，不喪匕鬯。

《象》曰：洊雷，震。君子以恐懼修省。

※錯綜複雜的局勢，應經過審慎的考量才可以決定行動，時時戒懼謹慎可免禍患。

楠評註：丙日亥月，甲戌庚，丙辛化合見辰，貴且富，十月壬水沖奔之勢，用戊相制，財生七煞，考試得第。地支如有會七煞，須戊土相制，謂食神制煞，甲運成就。

丙日亥月一〇六八乾

戊寅
癸亥
日主　丙寅
甲午

丙日亥月火已絕，但逢亥提為殺印故云而不絕，壬水沖奔宜有己土來混，水得土和卻能生木，丙火之根甲木出干既佳造，甲戊庚全備，權高位重，五行喜忌宜八字而取用，丙火用壬取光輝，己混壬絕處逢生，用神取甲是關鍵，戊己土各有不同，混壬制壬巧妙之處，培甲木生丙火奇特之格。

本造恭請祖師聖示以《大衍之數》相呼應得：八八八八七七（19臨）

臨：元亨利貞，至於八月有凶。

消不久也。

《彖》曰：臨，剛浸而長，說而順，剛中而應，大亨以正天之道也。至於八月有凶，消不久也。

《象》曰：澤上有地，臨。君子以教思無窮，容保民無疆。

※害人之心不可有，防人之心不可無。

楠評註：丙火十月，甲戌庚，甲戌雙透柱無金，晚婚，午見甲戌清高之人。丙火有根，得甲木佳造也。壬多用己土混壬之用，甲戊庚全榮顯之造。

丙日子月－〇六九乾

壬申

壬子

日主 丙辰

戊戌

丙火十一月冬至之後陽升，弱中轉旺，仲冬壬水專旺，取用戊土為佐，壬戊全透必主成功之造或異途顯達，喜壬戊但不可缺甲，甲木助丙火為生旺之鄉，方能相得益彰，四柱缺甲總非上格，日元生旺才可以食傷制煞為用，柱有甲丙配合得宜異途功名，棄命從殺之造貴，丙火冬生值子綱，有印生身大吉昌，運入東南多發達，逆行難保壽年長。

本造恭請祖師聖示以《大衍之數》相呼應得：九八八八九六（4蒙之24復）

復：亨，出入無疾，朋來無咎。反復其道，七日來復，利有攸往。

《象》曰：雷在地中，復。先王以至日閉關，商旅不行，後不省方。

《彖》曰：復，亨。剛反動而以順行，是以出入無疾朋來無咎。反復其道七日來復，天行也。利有攸往剛長也，復，其見天地之心乎。

※物不可以終盡剝，窮上反下。生機顯現，萬象更新。

楠評註：丙日子月壬戊甲，四柱地支會水局。壬透全透成格為高，支會水之七煞為虛名而已。八字缺甲木，甲木助生丙火之都，相得益彰。食神制煞為用，缺甲非上格。

丙日子月－〇七〇　乾

庚辰
戊子
日主 丙戌
己丑

專用戊土文章超群，煞印兩全功成名就，無甲不成氣候，用癸代壬，衣食不缺無戊有己出類拔萃，得甲濟戊，閒情逸致，丙生子月兩幫身，一殺哪堪三神制，運入西方生殺地，超群不做等閒人。

本造恭請祖師聖示以《大衍之數》相呼應得：九八七八九九（38睽之16豫）豫：利建候行師。《象》曰：雷出地奮，豫。先王以作樂崇德，殷薦之上帝以配祖考。

楠評註：丙日子月壬戊甲，專用戊土，刀筆成名，四柱缺甲總非上格，透庚又會破甲木之嫌，壬甲運特達，庚運成名。

丙日丑月 - 〇七一乾

壬申
癸丑
日主 丙戌
甲午

丙火如逢丑月看，土多格局做傷官，印多運入西方美，根淺東南福不全，十二月己土秉令晦丙濁壬，丙火不忌水剋，反喜壬水為日照江湖，非壬無以取貴，無甲不能生丙，壬甲兩透功成名就，無甲得一壬富中取貴，一派己土不見甲乙為假傷官，聰明但性驕傲，戊己土配印得宜名利兼得。

本造恭請祖師聖示以《大衍之數》相呼應得：七八七八七八（64未濟）

未濟：亨小狐汔濟，濡其尾，無攸利。

《象》曰：火在水上，未濟。君子以慎辨物居方。

※物不可窮也故受之以未濟終焉。為人不可太絕，給對方留些退路，退一步海闊天空。

楠評註：丙火十二月壬己甲，丙日甲午時謂時上陽刃，丑月小寒已過，冬至一陽生，十二月用壬甲，壬甲兩透功名有成，七煞化印名利可得。

丙日丑月－○七二乾

辛酉
辛丑
日主 丙申
癸巳

丙火傷官燥土重，運行財旺福興隆，如逢水運遭傷滅，世態紛紛總是空，丑宮己辛癸同宮聚氣，辛透支會金貴顯之造，如下成名為雅人風度，用金者白手起家，丙火得祿於巳支通寅巳，由弱轉強用財滋殺貴矣，行運東方取貴支方。

本造恭請祖師聖示以《大衍之數》相呼應得：八九九七八八（31咸）

九五：咸其脢，無悔。《象》曰：咸其脢，志末也。

※用心奉獻大愛之心，大公無私憂民為先。

楠評註：丙火丑月壬己甲，四柱缺木，地支會財局，透辛成功之造。喜丙火通根巳宮得令，用金白手成家，木，東方運富中取貴，凡會財局支有日元的根不能從財。

丁日寅月－〇七三乾

丙子
庚寅
日主 丁丑
壬寅

丁火逢寅印授明，柱中有水喜南行，運入東方俱發達，南方火地不相宜，全甲無庚眾母養驕子，化木支見寅忌透庚，天干並見丁壬男命貴，庚透則成中有敗，四柱透金水己土制有功，全水而無金眾鬼辱病軀，掃開天上雲千丈，捧出波心月一輪。

本造恭請祖師聖示以《大衍之數》相呼應得：九七七八八八（12否）

上九：傾否，先否後喜。《象》曰：否終則傾，何可長也。

※塞翁失馬焉知非福，上天有好生之德，修身養性一切的不如意終否極泰來，苦盡甘來盡掃陰霾。

楠評註：丁日寅月用庚壬，丁火壬寅時大富之造，庚壬兩透財學雙全，丁壬合官男命取貴，四柱若水過多用己土制，專用庚，成功邊緣小人環伺。

丁日寅月一〇七四乾

癸巳

甲寅

日主 丁酉

癸卯

甲庚全透必主富貴，木太旺無庚木盛火塞，須財破印，官殺重食傷制，不宜印洩官殺，支成火局，無水解炎孤貧之造，丁不離甲木，可秋可冬，但不可無水水火以既濟為美，故丙不離壬，丁用甲木用壬貴，偏官不透儒秀書生，丁年壬月，丁日壬時女命丙宜生庚子時，妻子俱早。

本造恭請祖師聖示以《大衍之數》相呼應得：七六八八七八（4蒙）

六五：童蒙，吉。《象》曰：童蒙之吉，順以巽也。

※赤子之心肯學習，肯接受他人指點，終身學習，難能可貴。

楠評註：丁火寅月用庚，正月丁火用甲印，無庚奔波勞碌，七殺兩頭掛健康欠佳，幼小時難帶。丁火不離甲木有印可化煞，庚子時早婚。

丁日卯月－〇七五乾

甲戌

丁卯

日主 丁亥

庚戌

丁逢卯月有印星，南北應多遂出名，獨殺若無官混雜，金章紫綬至公卿，先財後印火比金華，透甲藏庚覓利蠅頭，庚甲雙透風月有情，透庚藏甲求名如蝸角，支成火局庚有透清貴，和雅顯達不見庚常人，心事重重常居人下，二月木旺火塞用財破印，丁火須甲木成焰之火，乙木濕寒庚甲並透取貴。

本造恭請祖師聖示以《大衍之數》相呼應得：九六六六九七（41損之49革）

〈革．初九〉：鞏用黃牛之革。《象》曰：鞏用黃牛，不可以有為也。

※須加強準備蓄勢待發，不可輕舉妄動，不得馬虎草率。

楠評註：丁火卯月用庚甲，二月卯乙木司令忌乙透干，專用甲庚名利雙收，乙木透干與庚金有貪合之象，甲木出干成格，無庚平凡之造。

丁日卯月－○七六坤

戊戌
乙卯

日主 丁未 乙巳

火氣重重產四陽，再行木旺火難當，柱中透土戍真格，保土存財入廟廊，若一派乙木不見甲富而不久，

反因貪致禍，有乙無庚貧苦無依。官印財遇殺旺，運至西北雪上加霜，庚辛壬甲透柱中要藏土，運至東南光日穿雲，庚乙雙透若並位未免貪合，運入金水，一貧如洗，庚透乙藏不貪合，運至木火之鄉，富貴清雅。

本造恭請祖師聖示以《大衍之數》相呼應得：九六七七九九（14大有之31咸）

〈咸・九三〉：咸其股，執其隨，往吝。

《象》曰：咸其股亦不處也，志在隨人所執下也。

※如人一而再的犯錯，失去初心罪不可恕。

楠評註：丁火卯月先庚後甲，四柱缺水，乙木成格不見甲，弄巧成拙，既富亦不持久，本造專用巳宮庚長生金。金水運大吉，但須防健康欠佳。

丁日辰月一〇七七乾

甲申
戊辰
日主 丁未
庚子

辰月戊土當令丁火洩弱，用甲引丁制戊次用庚金，三月穀雨前與卯月同論，穀雨之後土旺甲木為首，

次用庚劈甲引丁為輔，甲庚全透無破可主富貴，一藏一透溫文儒雅，月令傷官生財者用甲，無甲丁火不能生旺，無庚格局不靈二者不可缺一，丁火辰月本傷官，順入南方福更寬，逆運初年多蹇剝，更逢戌亥壽相干。

本造恭請祖師聖示以《大衍之數》相呼應得：八八八七八六（15謙）

初六：謙謙君子，用涉大川，吉。《象》曰：謙謙君子，卑以自牧也。

※做任何事有萬全準備概能成功，待人謙恭以禮自從修養，不恥下問必是上善若水，

天助、人助、自助。

楠評註：丁火辰月用庚甲，甲庚齊透富貴之象，丁日辰月庚子時男命子息早而多，地支會水七煞用戊土傷官制殺調候中和，可許成就功名，忌入七煞運。

丁日辰月－〇七八乾

丙申
壬辰
日主 丁卯
庚子

壬透支會水為殺重身輕，終身有損，戊己透食傷制煞，反成貴格土盛用甲庚取貴，忌官殺洩財之氣，三月不得從殺，木有餘氣，有甲無庚不足取貴，丁火傷官火又柔，主人驕傲有機謀，運逢印綬連官殺，唾手成家孰與儔。

本造恭請祖師聖示以《大衍之數》相呼應得：八九七八八九（17隨）

九五：孚於嘉，吉。《象》曰：孚於嘉吉，位正中也。

※追求善念與美好事物，隨著真理真義待人處事，必能受到肯定得其所願。

楠評註：丁火辰月取甲庚為用，支會七煞日主無根有比劫印，從而不從。戊、己大運食傷制殺大吉之象，有庚無甲煞重身輕多災，甲運成功發展事業。

丁日巳月－〇七九乾

甲申
己巳
日主 丁丑
庚子

甲庚全透席間良士，二丁一丙透干封候萬里，二巳一午食祿千鍾，庚戊透支不見申盈門車行，巳月丙火臨官，丁仗丙威，丁火雖然昭融無丙則不美，無甲木引丁難成大器，丁火巳月本綱強，大運何愁入水鄉，運入順行初不利，中年最愛入西方。

本造恭請祖師聖示以《大衍之數》相呼應得：八八八八八七（24復）
復：亨。出入無疾，朋來無咎，反復其道，七日來復，利有攸往。
《象》曰：雷在地中，復。先王以至日閉關，商旅不行，後不省方。
※雷在地中，萬象更新一元復始，待人以赤子之心，整勢待發。
楠評註：丁火巳月取甲庚，丙出天干須以癸水調停。甲庚齊透足智多謀，巳月丙火司令有助丁火之昭融，庚金劈甲引丁成功之造，忌入癸運。

丁日巳月－〇八〇坤

辛巳
癸巳
日主 丁酉
壬寅

癸水透格有損堂下走僕，陽土獨透無水木滿腹經綸，多木多水兩足閒逸，多丙一水

一身從容，壬丙齊透極品之貴，傷官傷盡出色學者，丁年丙午時炎上之變，運行東南富，西北貧困，有水必滯庚濕甲，

傷丁故以癸為病，用丙輔丁不忌癸，獨壬出干玉堂貴。

本造恭請祖師聖示以《大衍之數》相呼應得：七六九六八六（35晉之37家人）

〈家人・六二〉：無攸遂，在中饋，貞吉。《象》曰：六二之吉，順以巽也。

※以柔順之道為人處事，中正美德悠閒自在，無後顧之憂。

楠評註：丁火四月用甲庚，坤造天干官殺混雜婚姻不佳，甲庚全藏寅、巳宮，癸水為忌，戊運轉憂為喜，木火運吉，金水運不佳。

丁日午月－〇八一乾

壬辰

丙午

日主 丁亥

庚戌

午月丁火司令不輕言甲木，壬透年不透時忠孝兩全，用官居輔佐之位忠於職守，財官喜透天干，庚壬兩透名士利科舉，透土則否常人，壬藏支亦非白丁，運行西北富貴可許，丁火炎炎日主強，最喜財庫坐下藏，酉丑金局多坐殺，西方運裡姓名揚。

本造恭請祖師聖示以《大衍之數》相呼應得：六六八八七七（19臨）

上六：敦臨，吉，無咎。《象》曰：敦臨之吉，志在內也。

※有成之人應傳承下一代務實管理，收穫可期貴人相助。

楠評註：丁火午月取用庚壬，午月丁火得祿，不須甲印，年透正官忠義之士，庚壬兩透成功之勢，壬水不透干只藏支亦非凡人，庚運可言功成名就。

丁日午月－〇八二乾

癸未
戊午

日主 丁酉
丙午

大貴者用殺不用官，壬癸藏支不透須西北運相輔，否則無濟於事，干支成全火局炎上，無滴水解救，僧尼之造孤獨，支藏壬水制火清貴，雖無功名卻不失衣食，支會木者生火旺平常之造，運佳中年可富但刑子息，丁火建祿本身強，無水須防壽不全，若得運中逢七煞，姓名遠達九重天。

本造恭請祖師聖示以《大衍之數》相呼應得：八八八八八七（24復）

復：亨。出入無疾，朋來無咎，反復其道，七日來復，利有攸往。

《象》曰：雷在地中，復。先王以至日閉關，商旅不行，後不省方。

《彖》曰：復，亨。剛反動而以順行，是以出入無疾，朋來無咎，反復其道，七日來復，天行也。利有攸往剛長也，復，其見天地之心乎。

※物極必反，冬眠已過蓄勢待發，重新出擊時來運轉。

楠評註：丁火五月庚壬，年月柱雙合化成火，癸水透出亦無功，亥子、壬癸運中顯名揚，甲木運中求發達，只忌寅運逢戌年。

丁日未月一〇八三乾

壬申

丁未

日主 丁亥

庚子

六月丁火三伏生寒，極弱。專用甲木次取壬水，透甲支會木藏水文章顯赫，多水弱火支舞木終身庸碌，支出木局干透水濕木難引丁必是常人，干有甲木又透庚才文並茂，若無甲木假名虛利，雖然能生財固執懦弱，未月逢丁要見財，無財到底命多舛，若逢財殺方為美，西方大運更奇哉。

本造恭請祖師聖示以《大衍之數》相呼應得：八六八八七八（7師）

六五：田有禽，利執言，無咎。長子帥師，弟子輿尸，貞凶。

《象》曰：長子帥師，以中行也。弟子輿尸，使不當也。

※領導相當重要，不能受人牽制，否則不能發揮功能反受其害。意見分歧敗因所在，用人存懷疑之心，引來失敗的原因。

楠評註：丁火未月甲壬，支拱木局透庚財配印，文章超群顯姓名，正用官印相生格，財官印全者大吉之造，戊運不吉。

丁日未月一〇八四乾

乙亥

癸未

日主　丁亥

甲辰

夏至之後火氣已退，六月丁火氣勢洩盡，大暑後金水進氣土旺洩丁，非甲木不能向榮無水潤澤，木氣乾枯反焚故取壬水為佐，甲木出干見亥中壬水，壬為甲根，既引丁火再得庚金必然榮貴，支有壬水生甲，自有凌雲之志，無庚則不妙，亥未會局壬水官星顯其用，無庚壬水混濁不能取貴，丁生未月火揚威，見木重生火不知，大喜庚辛來損木，再行木運本非宜。

本造恭請祖師聖示以《大衍之數》相呼應得：八六八六八八（2坤）六五：黃裳，元吉。《象》曰：黃裳元吉，文在中也。

※適得其所，展現身手的好時機。文彩居中必然大吉，眾望所歸如魚得水。

楠評註：丁火六月，三伏生寒，火氣已退，丁火漸弱，首選甲正印，次取壬正官，丁壬忌並位合木，四柱缺金財，晚婚，專用甲木通根於亥宮，庚運壯志凌雲。

丁日申月－〇八五乾

庚辰

甲申

日主 丁亥

丁未

丁火三秋為病死墓之陰柔，退氣，無甲木生助不能任財官，七月庚金秉令，壬水長生，不出天干合丁孟秋氣候漸寒，三秋丁火甲庚出干上上之造，忌見丙火出干，丙奪丁光，丁火見丙助其生旺，申宮長生水制，七月申中有庚見甲乙枯草引燈，丁逢申月日干強，大運南方喜逆行，若是根淺尤喜順，中年發達更崢嶸。

本造恭請祖師聖示以《大衍之數》相呼應得：七八八六六八（23剝）

六三：剝之，無咎。《象》曰：剝之無咎，失上下也。

※有貴人提攜，失敗時有貴人相助，但不能用盡。壯士斷腕，快刀斬亂麻。

楠評註：丁火七月取用甲庚丙，丁火夏天忌丙奪丁光，秋天丁火氣已衰，不忌丙火相扶，庚甲齊透支會木水兩局，上上之造。四柱無水者奔波勞碌，丙運白手成家。

丁日申月一〇八六乾

癸亥
庚申
日主 丁丑
庚子

七月庚金臨官，一派庚金不能從財，只謂財多身弱，財星過旺主懼內，妻子主事掌權，另有丁火合壬化木成印為幫身，變忌轉喜，大富。壬癸水多或支會水須土制，否則殺重身淺，見甲丙印劫，助身強。傷官制煞為上格，財多身弱者，屋富貧人。干透甲丙支有庚男多榮貴，柱明木火暗藏金女多財帛，壬癸水旺又會水，大運不宜入再入水。

本造恭請祖師聖示以《大衍之數》相呼應得：八八八七九八（46升）

九二：孚乃利用禴，無咎。《象》曰：九二之孚，有喜也。

※精誠所至，金石為開。為人須謹記回報社會，誠信之人得以任用。

楠評註：丁火申月取用甲庚丙，支會水七煞又透年干，天干兩庚，財生煞更強，日元無根可論從殺，專用庚金正財，妻子掌權，癸丑運凶。

丁日酉月一〇八七乾

戊寅
辛酉
日主 丁巳
壬寅

丁逢酉月用偏財，官殺相逢更妙哉，大運逆行多順遂，功名兩字稱心懷，干透甲庚丙名立千古，柱無刑沖破害威震三台，柱無比印一派庚辛金，謂棄命從財富貴兩全，異途顯達位顯名揚，從財者因他人而富貴，故云異途。丁壬透出化木，為幫身忌變喜蓋其用財，故云大富。

本造恭請祖師聖示以《大衍之數》相呼應得：八八九七七七（34大壯）九四：貞吉悔亡，藩決不羸，壯於大輿之輹。《象》曰：藩決不羸，尚往也。

※難關已過。輕舟已過萬重山，勇往直前大行君子之道，前途似錦。

楠評註：丁火酉月辛甲丙，忌丙辛並位貪合失去效力，秋月丁火不甲木正印，如無甲用乙仍須丙火暖庚，王透時柱與日並位調合官不宜，只用年上正官，四柱壬癸多不宜殺印相生，取食傷制殺為用。

丁日酉月－〇八八乾

壬午

己酉

日主 丁丑

乙巳

柱無甲丙不能成正格，有丙辛不透干化合，無甲丙，用乙丁為變格，四柱無甲孤，戌時申時主貴，申中有庚，透干成貴格，身強殺淺假煞為權，運行南方取貴之道，巳酉丑會局，己土透干富格，丁日酉月財甚強，支會金局己透干，富中取貴造元鑰，官透年干忠於君。

本造恭請祖師聖示以《大衍之數》相呼應得：八七八九八七（63既濟）九三：高宗伐鬼方，三年克之，小人勿用。《象》曰：三年克之，憊也。

※用人不當，事倍功半，心力交瘁，輕信小人得不償失。耐心等待時機，時來運轉。

楠評註：丁日酉月辛甲丙，支合財局，年上透官星忠於主，財旺身強任其財，四柱無甲木孤寂，壬水來時己土擋，富中取貴。

丁日戌月－〇八九坤

戊寅

壬戌

日主 丁亥

甲辰

丁火戌月傷官旺，官殺須知卻不妨，南與東方多順遂，榮華富貴福無疆，甲庚齊透富比陶公，丙火兼加名齊蕭曹，庚丙壬無甲志村三千，壬癸水有戊勢成獨立擎天，透丁透辛不透庚謂從財，見壬見癸不見戊曰離魂。

本造恭請祖師聖示以《大衍之數》相呼應得：六六七七九六（32恆之13同人）

〈同人・九三〉：伏戎於莽，升其高陵，三歲不興。

《象》曰：伏戎於莽，敵剛也。三歲不興，安行也。

※為人驕傲，處事魯莽，失敗之時沒人願意幫忙，若能沉靜思考，待人謙恭，細密深思，計畫得時，可以再次出發。

楠評註：丁火戌月用甲庚，九月丁火戌中藏辛戊丁，三千齊透富貴兩全，傷官旺，不見壬官謂傷官傷盡人性重，時透甲木專用甲，庚運來時富中求貴。

丁日戌月－〇九〇乾

癸未

壬戌

日主 丁未
甲辰

地支會土局財太弱，正傷官制煞局專用時上甲木，東方運取貴之鄉，傷官配印學術高超性情中人，丁火三秋寒土宜火溫暖，運入東南方取貴之道，北方運，窮途末路稼穡格化，丁火入庫全傷官，壬癸雙透無戊制，官殺勢強身太弱，殺印相生洩煞神。

本造恭請祖師聖示以《大衍之數》相呼應得：九八七八八八（35晉）上九：晉其角，維用伐邑，厲吉，無咎，貞吝。《象》曰：維用伐邑，道未光也。

※勝利之後而不驕，為人處事適可而止，所謂窮寇莫追，得饒人處且饒人，寬以待人。

楠評註：丁火戌月取甲庚，支見四庫傷官傷盡人性重，聰明才智，三秋丁火，土寒須用火溫暖，運入東南，木火之鄉富中取貴，專用甲木。年月透壬癸，宜傷官制，戊運發財。

丁日亥月－〇九一乾

甲辰
乙亥
日主 丁卯
庚戌

丁生亥月用官星，順逆東南福不輕，若是殺星多混雜，壽元尤恐半凋零，亥月丁火寒微專用甲庚，庚甲雙透上格，庚甲有缺，寧可缺庚不能缺甲，引丁，丁火三冬有甲謂木火通明，功名可取亦儒雅蕭灑，見己則否合甲木常人耳，甲木丁之母可秋可冬，印能化煞不忌金水。

本造恭請祖師聖示以《大衍之數》相呼應得：八八七七八八（小過）

小過：亨，利貞。可小事，不可大事。飛鳥遺之音，不宜上，宜下，大吉。

《象》曰：山上有雷，小過。君子以行過乎恭，喪過乎哀，用乎過儉。

※大事不利，低調行事。

楠評註：丁火亥月取甲庚，干透甲庚成功之造，如支會水局，干不見甲乙木比印可論從殺，甲庚有缺寧可缺庚不可無甲，甲木正印也，引丁，有甲木火通明謂之貴格。

丁日亥月－〇九二乾

壬寅
辛亥
日主 丁巳
辛亥

丁火生臨亥月乾，木神類聚喜相連，柱中最怕金為病，運人東南福壽全，丁生亥月火極弱喜丁壬化木，更得寅亥類聚木為用神，巳有庚金損木金為病，運行東南枯木逢春，午未木死墓壽有阻，年月癸水時逢辛金枝玉葉，壬水當令不雜位高權重。

本造恭請祖師聖示以《大衍之數》相呼應得：八九七八九八（47困）

九五：劓刖，困於赤紱，乃徐有說，利用祭祀。

《象》曰：劓刖，志未得也，乃徐有說，以中直也。利用祭祀，受福也。

※上位者應有的智慧，尋求解救之道，有許願當償還。

楠評註：丁火十月水氣重，用甲庚，庚僻甲引丁，夫妻宮雙沖地老天荒，年水時逢辛富家子弟，寅亥合木化為用神。壬水亥宮當令無混雜，木火運枯木逢春權傾一時。

丁日子月－〇九三乾

甲申

丙子

日主　丁亥

庚戌

丁火如逢子月堤，柱中有煞更無虧，平生最喜東南運，若到西方福不齊，甲庚齊透上格東南運達，二丙出干帶癸主貴，木火運中如蓋頭亦多蹇悔，巳午寅卯甲庚帶丙兵權在握，從財從煞有比印既不從，甲庚全無，男命亦孤。

本造恭請祖師聖示以《大衍之數》相呼應得：九八六八六八（23剝）

剝：不利有攸往。《象》曰：山附於地，剝。上以厚下安宅。

※致飾然後亨則盡矣，故受之以剝。一道門兩個天地，一念之間善與惡。

楠評註：丁火子月用甲庚，十一月天氣隆冬調候為先，柱透甲庚又逢丙火照暖實仍佳造，辛巳運實握兵權，東南運中顯榮發達。

丁日子月－〇九四乾

辛巳

庚子

日主 丁未

乙巳

庚辛透天最喜東南運，甲庚全無男命亦孤，用乙枯草引燈乙辛代替，甲庚無法取貴甲木不出干，支無寅卯氣從金木，運入未丁火得氣貴極一時，丁生子月水汪洋，七煞雖多喜內藏，有幸未巳土中制，南方土運發非常。

本造恭請祖師聖示以《大衍之數》相呼應得：八八九八八九（51震）

九四：震遂泥。《象》曰：震遂泥，未光也。

※無法承受重大刺激，亦無法成就大業。不經一番寒徹骨，哪得梅花撲鼻香。

楠評註：丁火十一月喜甲庚，透庚缺甲，乙木代替甲木不足取貴，辛透年干，如偏財成格亦無作為，東南運中可求成功之路，干有透甲木不忌水運，支若會水干不透比印，從殺最純。

丁日丑月－〇九五乾

庚辰

己丑

日主 丁卯

甲辰

丁日丑月，三冬丁火食神無用，甲庚齊透上造忌，己土並位合，甲木失能，甲庚有缺寧缺庚，不能缺甲，成中有敗，冬月丁火見甲印木火通明，不忌劫財，一丙奪丁常人耳，二丙配一癸，聲名遠播，丁火丑月謂如何，四柱分明怕土多，運入東方俱發達，南方火地不相宜。

本造恭請祖師聖示以《大衍之數》相呼應得：八八八七七八（46升）

升：元亨，用見大人，勿恤，南征吉。

《象》曰：地中升木，升。君子以順德，積小以高大。

※不可急於一時，從善如流，累積德善必有後福。

楠評註：丁火丑月取甲庚，透己土不得與甲木並位化土，三冬丁火不取食神格，無用之格，甲庚並透上上之造，甲印一出木火通明，缺甲木者成功邊緣遭小人破壞。

丁日丑月－〇九六坤

辛卯

辛丑
日主 丁卯
癸卯

丁生丑月土神微，卯木三重剋過之，喜有三金來制木，一番病過一番醫，丁日丑月本造極難尋用神，己土為用神，乙木為病，有病有藥方為奇酉運沖卯病，己土透出為傷官傷官生財，智慧過人，文章馳名，甲庚全無取貴事倍功半，甲庚運發財無數。

本造恭請祖師聖示以《大衍之數》相呼應得：八八八八八六（2坤）初六：履霜，堅冰至。《象》曰：履霜堅冰，陰始凝也。馴致其道，至堅冰也。

※滴水穿石非一日之功，冰凍三尺非一日之寒。重點在於防範，不能一錯再錯，向陽花木早逢春。

楠評註：丁火丑月用甲庚，四柱無甲庚，卯，乙木，辛金四柱全陰，逃避責任。乙辛取用甲庚，丑宮辛金入墓，偏財失效，戊己土如有透可取食傷生財，甲庚全無難於取貴。

戊日寅月一〇九七乾

甲子
丙寅
日主 戊辰
癸丑

戊日寅月氣溫尚寒須丙火溫土，甲木七煞透干成格無制，有成之人，有丙無甲癸，春旱不毛，無丙有甲癸，枯寒無成，獨透七殺無財印，多災多難亦貧寒，甲丙癸全透上上之造，甲庚兩透支會木，英雄豪傑且顯榮，戊日寅月日干輕，殺印相生格局明，運入火鄉尤發達，逆行水地總平平。

本造恭請祖師聖示以《大衍之數》相呼應得：八八八九八七（36明夷）

九三：明夷於南狩，得其大首，不可疾貞。《象》曰：南狩之志，乃大得也。

※奪標之願，萬眾仰望。

楠評註：戊土寅月，丙甲癸。丙甲癸全透登峰造極，如壬子時時上偏財大富之造，透甲無庚制成功之人，戊土春月不喜乙木陰柔機智，反應敏捷，口是心非。

戊日寅月－〇九八坤

丙戌
庚寅
日主 戊午
戊午

正月戊土喜丙印七殺，戊土長生在寅甲木臨官，木旺則土崩有丙則土實，無丙則虛，故先丙後癸，癸丙齊透不相礙富貴之造，殺印或財煞視格局而論，支成火局，全無滴水，陽刃僧尼之道，戊日寅月殺星微，火土並旺為真病，無藥最是孤獨人。

本造恭請祖師聖示以《大衍之數》相呼應得：六九八七八六（40解之21噬嗑）

噬嗑：亨，利用獄。《象》曰：雷電，噬嗑。先王以明罰敕法。

楠評註：戊土寅月，丙甲癸。透丙支合火局為陽刃，四柱缺水孤獨之命，庚食神有透，甲出亦不濟事，正月甲木臨官，子運陽刃倒戈不吉，有出家之象。

戊日卯月－○九九坤

甲午
丁卯
日主 戊寅
壬戌

戊土仲春無丙不用癸，故丙火為先壬透者富，煞印相生格，上格燥土不生，取癸水輔佐潤澤，丙火太多過旺，癸水為為首選，一派乙木權官會黨有庚，難制己土權謀機智之士，鬼計多端口是心非，乙木透干更甚，戊日卯月用官星，有印相生格局清，南運發財強北運，如逢酉地壽元傾。

本造恭請祖師聖示以《大衍之數》相呼應得：八九九六八八（45萃）

萃：亨，王假有廟，利見大人。亨，利貞，用大牲吉，利有攸往。

《象》曰：澤上於地，萃。君子以除戎器，戒不虞。

※銘記祖上有德，祭祖不得馬虎，為人不忘恩。

楠評註：戊土仲春取丙癸，柱三合陽刃一定要用癸水相制，壬水乏力，戊土二月卯乙木司令，甲木七煞透干成格，用食傷制煞為用，透食神傷官者吉，時上透壬者富。

戊日卯月－一〇〇乾

丙戌
辛卯
日主 戊申
甲寅

戊土寄寅長生寅中有丙，卯中有乙木不能從格，殺旺身淺定有不吉之兆，支成木局會煞貪得無厭，透庚並位乙木失去相合之意，難制乙木，隔位即可不合，七煞無制缺乏理性不能自制，木火過多，陽壯木竭，癸水為首，無癸則難論吉，去官留殺理分明，主弱分明用印星，運入南方夫子旺，逢申破印禍來併。

本造恭請祖師聖示以《大衍之數》相呼應得：七九九六六七（25無妄之26大畜）〈大畜・初九〉：有利，利己。《象》曰：有厲利己，不犯災也。

※有損人利己，不要強出頭，凡事三思而後行，忍一時風平浪靜，蓄勢待發，內修外行。

楠評註：戊土卯月丙癸，年月雙合貪財壞印，日時雙沖有叛逆子，甲寅七煞得祿子息多，癸、丙運吉，甲運子息有災禍。

戊日辰月－一〇一乾

壬辰
甲辰
日主 戊子
癸亥

見癸齊透仕途平順，甲癸藏支家業紹興，多丙無癸春苗失泉水，甲乙透干見庚則富，壬癸透干支會火有逸而榮，有勞而功分逸分勞俱亨通，戊土辰月日干強，更有財星福祿昌，順運西北應發達，財官輕處亦非良。

本造恭請祖師聖示以《大衍之數》相呼應得：九七六七六六（53漸之43夬）

〈夬・九三〉：壯於頄有凶，君子夬夬，獨行遇雨，若濡有慍，無咎。

《象》曰：君子夬夬，終無咎也。

※記取教訓，時時警覺。

楠評註：戊土辰月甲癸丙，三月戊土司令，喜用甲木透干成七煞格，大吉之象。四柱缺丙丁火，癸為財出干成格，五行俱全可論從殺，行火運、土實而堅固，甲癸成格，財生煞，大吉之象。

戊日辰月－一〇二坤

丁卯

甲辰
日主　戊寅
癸亥

戊日辰月專取甲丙癸為用，無丙癸名土木自戰，身強為無成之人，身弱則殘疾，用丙癸者妻賢子孝，食神制殺者貴，食神生財者富，無金支會木局腹疾脾胃不和，辰為財庫土重者劫財，透庚癸食神生財鉅富，戊土生辰木旺鄉，貼身七煞太剛強，不堪頑殺原無制，只做齊人覓四方。

本造恭請祖師聖示以《大衍之數》相呼應得：八八七八七七（54歸妹）

歸妹：征凶，無攸利。《象》曰：澤上有雷，歸妹。君子以永終知敝。

《彖》曰：天地之大義也，天地不交而萬物不興。歸妹，人之終始也。說以動，所歸妹也。征凶，位不當也。無攸利，柔乘剛也。

※心存僥倖必不吉，若心懷不軌，勉強接受沒好下場。

楠評註：戊土辰月，甲癸丙。四柱甲癸丁出干不忌庚運，格成官煞混雜，喜庚出相制，地支會七煞成格為喜，四柱缺金，腹有疾，用癸富，用壬只不缺衣食。

戊日巳月－一〇三乾

丙申
癸巳
日主 戊子
甲寅

四月戊土甲丙癸，巳月陽氣外發，寒氣內藏，為陽氣相摧，萬物不藏，先甲次丙癸為佐，丙戊得祿，土實先甲疏土，乙木乏力丙火得祿宜癸水，四柱水多以丙火化煞為用，丙透甲出棟樑之材，丙癸雙透功名藏支亦非白丁，戊日巳提是建祿，柱中財煞不可忽，逆行大運宜東北，順走西南事不齊。

本造恭請祖師聖示以《大衍之數》相呼應得：八八七八八八（16豫）

豫：利建候行師。《象》曰：雷出地奮，豫。先王以作樂崇德，殷薦之上帝以配祖考。

※有大而能謙必豫，故受之以豫。適當的釋放能量調整心態，隨時準備最佳的戰鬥力，出擊反敗為勝。五行齊全，多方發展不須疑。

楠評註：戊日巳月甲丙癸，丙火得祿於巳宮，癸通根子，甲丙癸三干齊透成功之人，丙見甲非平凡之人才能出眾，丙甲得祿，癸有根，大吉之造。

戊日巳月－一〇四乾

丁卯

乙巳

日主 戊午

己未

一派丙丁支會火無滴水，火炎土燥，孤苦僧道，癸透通根申亥必然貴命，癸水藏根免於刑剋，衣食充盈，支成金局癸水透干，土潤金生，富貴雙全經綸智勇，巳丑會局濕土庚可用得癸水，功成反生挽回造化之妙，用癸妻賢子孝，戊逢癸水火神高，巳午通根火局牢，丁未午火是我病，東北水木福不輕。
本造恭請祖師聖示以《大衍之數》相呼應得：六八八八七八（7師）
上六：大君有命，開國承家，小人勿用。
《象》曰：大君有命，以正功也；小人勿用，必亂邦也。
※常被打壓欺侮，適當反擊稍安勿躁，久旱逢甘霖。
楠評註：戊土四月甲丙癸，支會火局三會陽刃，孤貧到老。四柱缺水即是缺財，晚婚。乙木透出陰柔之士，機智過人。丑運酉年尚可得財，火為病，水為藥，有病得藥大地回春。

戊日午月－一〇五乾

庚辰
壬午
日主 戊申

甲寅

陽水獨透支會火取功名易如反掌，用甲壬，忌己土，己運不吉，戊己土多食神洩，食神生財者大富之造，壬甲兩透功名有成之人，戊土午月印當權，大運分明喜煞官，官殺重時宜順行，官輕逆運妙無端。

本造恭請祖師聖示以《大衍之數》相呼應得：六八八九七八（46升）

上六：冥升，利於不息之貞。《象》曰：冥升在上，消不富也。

※學無止境，唯有超越別人，不進則退。

楠評註：戊日午月，壬甲丙。用壬財生煞為高，不用癸乃合戊之嫌。午日陽刃忌沖，己運不吉，壞了格局，合甲又制水。煞印相生平常之造，偏財生煞格局高貴。

戊日午月－一〇六坤

丁酉
丙午

日主 戊午
丁巳

戊日生午火氣炎盛，運入壬癸去火之炎，火旺缺財煞，火旺衰煞為病，殺財制火為藥，無水孤貧之兆，支成火局雖支有癸水杯水車薪，若得壬水出干支有根，雖不見甲富貴聲名遠播，戊午日下殺身微，巳酉哪堪制太過，運入東方官殺顯，枯苗得雨發生機。

本造恭請祖師聖示以《大衍之數》相呼應得：七九九九八七（13同人）

同人：同人於野，亨。利涉大川，利君子貞。

《象》曰：天與火，同人。君子以類族辨物。

※分工合作，人盡其才、物盡其用，用人得當必有時來運轉成功之日。

楠評註：戊土五月，壬甲丙。本造為全火局，四柱缺水木甚為不祥之造。即使地支有水也是杯水車薪，如有壬水透干姓名顯。支有木亦被巳酉宮庚辛金破壞格局，雙陽刃個性剛毅。

戊日未月－一〇七坤

庚辰
癸未
日主 戊寅
丙辰

六月戊土上下半月取法不一，大暑前與午月同論，大暑後金水進氣三伏生寒，四柱金水太多用丙火，

土旺則取甲木疏土為用，用甲不能缺水，木性自焚，宜癸水優先，無癸用壬，如無雨露卻得灌溉之功，甲丙癸全者功名成就，透癸辛刀筆之工可謀異路，戊土生來季夏天，若無財殺未周全，戊臨未月土尤強，殺強印微木當強。

本造恭請祖師聖示以《大衍之數》相呼應得：七八七八七六（64未濟）

初六：濡其尾，吝。《象》曰：濡其尾，亦不知極也。

※不知終點，物極必反，不可急躁，靜觀其變。

楠評註：戊土三夏甲丙癸，癸丙雙透，專用寅宮甲木司令，甲七煞格為第一優先，成功之造，四柱甲木不透干不成七煞，庚金透干反而平常。

戊日未月－一〇八乾

戊戌
己未
日主 戊戌
癸丑

六月戊土無癸辛常人耳，如無甲木不問妻子得甲出，一煞獨透不逢庚破必有作為，須有壬癸滋潤方有顯達，有甲無癸虛名虛利之人，土重用甲癸逢稼穡格用金，用水火非上格辛金結局，不富亦貴火為病金水為藥，戊日未月土當旺，用財用殺理應當，稼穡全土透出財，得殺來逢必為貴。

本造恭請祖師聖示以《大衍之數》相呼應得：七七七八九八（6訟）

九二：不克訟，歸而逋其邑，人三百戶，無眚。

《象》曰：不克訟，歸逋竄也；自下訟上，患自掇也。

※邪不勝正，為者敗之，執著失之。

楠評註：戊土未月甲癸丙，柱全土局無甲木，夫妻不和家庭困頓，有甲木透反敗為勝，稼穡格須庚辛金調停，火土為病，金水為藥。

戊日申月－一〇九乾

甲申
壬申
日主 戊寅
丙辰

四孟為長生之地附火於寅，附水於申戊土逢月不做旺論，火氣漸衰金水氣通先丙後癸，土多滯塞宜先甲木疏之，土顯其用，丙甲透富貴兩全，丙透癸藏功名可期，癸藏透甲丙文才並茂，無丙得甲癸雅度清操，戊土生申用食神，有財有殺貴堪綸，逆行氣順火通達，火地行來反受鈍。

本造恭請祖師聖示以《大衍之數》相呼應得：七六八八八六（23剝）六五：貫魚以宮人寵，無不利。《象》曰：以宮人寵，終無尤也。

※掌握良機，美不勝收。財官印三才俱備，福報俱足。

楠評註：戊土孟秋丙癸甲，干透甲丙可求富貴功名，丙火通根與寅長生，得甲木通根寅宮，疏土為正用，丙火透干用甲壬，富貴兩全。庚運財破印則不吉。

戊日申月－一一〇坤

庚寅
甲申
日主 戊寅
丁巳

戊日申月甲木透天為夫星，庚破甲，寅宮甲木申宮沖，夫星被制，有亦如無。入辛，巳運婚姻極為不佳，五年三嫁，也不平順。甲為喜神庚為忌支逢三刑，金神剋木夫不存，疊疊刑沖不如夫，行運不宜再逢金，不堪破鏡只孤鸞。

本造恭請祖師聖示以《大衍之數》相呼應得：九八七八七九（38睽）

上九：睽孤，見豕負塗，載鬼一車，先張之弧，後說之弧。匪寇婚媾，往遇雨則吉。

《象》曰：遇雨之吉，群疑亡也。

※久旱逢甘霖，足智多謀，殺印相生，急中生智。

楠評註：戊土申月丙癸甲，坤造支逢三刑，日月柱雙沖，婚姻不吉，庚透破甲木，夫星被制，己庚大運不佳，夫星被合剋。

戊日酉月－一一一乾

丙戌
丁酉

日主 戊子
癸亥

八月戊土正用丙癸，丙癸齊透功成名就藏癸透丙，富貴稍成透丙無癸，讀書文人，癸多無透缺丙常人而已，八月辛金不透用財印，戊土氣寒丙透不並辛金，成就之造土金傷官聰明雅人，成功在武職不出金不用丁，戊臨酉月洩精英，丙火生身用印明，癸水時來傷丁火，南方土運發非常。

本造恭請祖師聖示以《大衍之數》相呼應得：七七八七八七（37家人）

家人：利女貞。《象》曰：風自火出，家人。君子以言有物而行有恆。

※女主內，男主外，天地之大義，君子也以善持之以恆。

楠評註：八月戊土取丙癸，酉月為傷官，透辛不與丙並位，藏支則為大吉，聰明高雅之人，丁為正印，時柱透癸制丁正印，庚辛金不透天干不用丁火。

戊日酉月－一一二乾

丁亥
己酉
日主 戊申
丁巳

土弱於酉得火方興，印扶不畏身弱己透見火，柱無水者不己，徐樂吾氏見解戊土寄申中長生故不弱，印劫齊透日祿歸時身旺，用財殺東方運吉富中取貴，戊土生來值酉提，怕行坎水喜炎離，除非四柱元辰旺，卯運相逢最不宜。

本造恭請祖師聖示以《大衍之數》相呼應得：八六六八八八（2坤）

六五：黃裳，元吉。《象》曰：黃裳元吉，文在中也。

※自然顯露，諸事大吉。心想事成，如魚得水。多所琢磨，必有後福。

楠評註：戊土八月用丙癸，四柱雙透丁火正印弱變強，用印扶身為身強用殺，東方運官殺顯，富中取貴，火運，丙印得祿，身強用財大吉。

戊日戌月－一一三乾

癸卯
壬戌
日主 戊午
甲寅

戊月戊土首選甲癸，戊癸無並位貪合，上格。並位失去用神之妙，財滋殺。功成名就有甲無癸丙，衣食不缺缺甲孤貧依人度日，戊土得火而燥戌月戊土得令，十八日取甲疏土，支戌水局壬癸透干，反用比局止財，富格。支戌火局，火炎土燥用水滋潤，因病得藥，富格。戊土戌月日干強，財殺重逢更吉祥，大運不拘行順逆，若無財殺亦平常。

本造恭請祖師聖示以《大衍之數》相呼應得：六八七六八八（16豫）

上六：冥豫，成有渝，無咎。《象》曰：冥豫在上，何可長也。

※靈活應用勝過讀死書，井底之蛙未見天地之大，條件既定發揮待機。

楠評註：戊土九月為季秋，甲癸丙。戊土戌月土得令，先用甲，甲透時柱支會印，身強用年上癸水得天獨厚，癸水透於年干不與日主合上上之造，地支會火透癸壬，大吉之象。

戊日戌月－一一四坤

辛卯
戊戌
日主 戊申
丁巳

去土火炎燥，非僧即道。透金水傷官生財重於水反成富格，支會火四五月謂從旺，戌月火氣入墓光輝不強，無金水或水木，謝映不能成格。癸戊並透謂一財得所女婚姻不吉，透甲衣食不缺，透癸稱心如意，支會水見比劫成大富，透金水支會火遭殃。

本造恭請祖師聖示以《大衍之數》相呼應得：六八九八七七（54歸妹）

上六：女承筐無實，士刲羊無血，無攸利。《象》曰：上六無實，承虛筐也。

※窮途末路，委屈求全。困窘之途，莫忘初衷，用心良苦。

楠評註：戊土季秋甲癸丙，四柱支會傷官，聰明過人。丙丁運有印破傷官之嫌，東方木運官殺明，再用癸水格局清，己運合柱官星婚姻不佳。

戊日亥月－一一五乾

甲午

乙亥

日主 戊寅

丙辰

甲丙雙透財官兩得，十月孟冬謂小陽先甲次丙，殺印相生成格上造，戊土厚重須甲木疏土，無則不靈亥宮壬水得祿，甲透引亥為長生得丙名聲揚，庚多破甲只是凡人，十月寒土逢丙土暖亦貴，出庚不傷甲衣食不缺，戊土亥提財殺真，身強有火更超群，逆行早歲須防酉，順運中年忌卯辰。

本造恭請祖師聖示以《大衍之數》相呼應得六七六八八八（8比）
比：比之無首，凶。《象》曰：比之無首，無所終也。
※沒有充實的準備，必定要嚐敗績，去我執我慢，尚賢能。
楠評註：戊土冬月取丙甲為用，四柱透甲丙寅宮司令長生位，十月孟冬小陽春，甲丙透成格聲名遠播。庚運破甲不吉之象，四柱缺庚辛金，殺印相生格大吉之造。

戊日亥月－一一六坤

丁亥
辛亥
日主 戊午
庚申

甲透不破庚制可許功名，有庚則不顯透庚又逢丁，因病得藥，富貴可求。無庚不用丁，用丙格之成，丙甲兩困常人之造，透丙逢壬須有戊土相救，得救富中取貴。支會水透壬，無制乃漂流之命，木暗火明虎帳得名，時透庚金年逢丁，財殺兩旺得所宜，日刃身強喜用財，食神得祿喜逢印。

本造恭請祖師聖示以《大衍之數》相呼應得：八九六八八九（3屯之16豫）

豫：利建候行師。《象》曰：雷出地奮，豫。先王以作樂崇德殷薦之上帝，以配祖考。

※有大而能謙必豫，故受之以豫。飲水思源，陰陽兩利。

楠評註：戊土十月取甲丙為用，四柱透庚用丁火制，有病有藥可求富求貴，八字缺丙、甲木臨亥宮長生，丙甲無透天干，凡人之造。

戊日子月－一一七乾

甲戌
丙子
日主 戊辰
甲寅

十一月戊土天寒地凍，丙火為尊，甲木為佐。甲丙缺一時不可缺丙，丙甲齊透成格榜上有名，丙透支藏甲衣食不缺，甲透丙藏，異途取貴。丙甲全無，孤苦伶仃。全無不成格仲冬調候為急，火多而不厭，火盛得榮，財來亦可用丙火為第一用神，戊土生逢子月天，支坐辰戌最為奇，支虛更許財神位，若無印來亦徒然。

本造恭請祖師聖示以《大衍之數》相呼應得：六八八八八八（2坤）

上六：龍戰於野，其血玄黃。《象》曰：龍戰於野，其道窮也。

※有理走遍天下，無理寸步難行。得理饒人，無事身輕。

楠評註：戊土子月用甲丙，干透甲丙，財藏支，大吉之造。十一月氣候寒凍，丙火為第一用神，甲木佐之，丙甲兩透功成名就，煞印相生格大吉之象。

戊日子月－一一八坤

辛酉
庚子

日主　戊辰
**　　　癸亥**

戊子日財相太旺，若專論身強與身弱實不美，女命要身弱看夫星，庚辛損夫之物，幼年家境貧窮困苦，運入東方助夫生子發達一生發財，身卻常有疾病，父母家貧，夫家興。戊臨子月坐財星，時上父星格局明，最喜運行夫旺地，相夫教子有聲名。

本造恭請祖師聖示以《大衍之數》相呼應得：七七七八八八（12否）

否：否之匪人，不利君子貞，大往小來。

《象》曰：天地不交，否。君子以儉德避難，不可榮以祿。

※沒有互相利用，誠懇相處，把握良機，終見轉機。

楠評註：戊土仲冬用丙甲，四柱缺火，土不靈，冬月戊土要印相扶，月柱透庚乃至夫星之物，甲丙運轉憂為喜，助夫星發達顯榮。

戊日丑月－一一九乾

乙酉
己丑
日主 戊子
丙辰

有甲無丙，貧而有廉。多丙透壬，含劍之客。多丙無壬，幽蘭遇強颱木暗火明，入幕之賓子丑六合土潤而暖，丙火透出為其大用，陽火透出為其大用，火透暖土身強用財，無丙不能賢其用，戊日丑月日干強，更有財官福壽全，逆順運行俱得地，若無印運亦徒然。

本造恭請祖師聖示以《大衍之數》相呼應得：七九八六七八（59渙）九五：渙汗其大號，渙王居，無咎。《象》曰：王居無咎，正位也。

※君無戲言，信實有恆。

楠評註：十二月戊土，丙甲。柱子丑合土逢丙透時干，土潤而暖，身強用財，有丙無甲，有丙堪其大用，有官有印成就之造，再行財官運兩全其美。

戊日丑月－一二〇坤

丙子
辛丑
日主　戊午
癸丑

丙辛回化於子，戊癸合化於午，天干雙鴦合，女命不詳。戊日傷官最怕金，金衰不喜行財運，柱中格怕水來侵，土既消磨金又沉，丑宮辛癸同根透，丙火出干真為用，大運南方必顯達，東方木運亦相當，忌二癸合戊，無丙難問前程。

本造恭請祖師聖示以《大衍之數》相呼應得：八九九八六七（17隨）

隨：元亨利貞，無咎。《象》曰：澤中有雷，隨。君子以嚮晦入宴息。

※豫必有隨，故受之以隨。崇尚自然有捨有得，高枕無憂，天助、人助、自助，成就可期。

楠評註：戊土季冬用丙甲，年月雙合，丙火雖透黯淡無光，四柱雙鴦合女命不吉，月柱透辛金傷官聰明練達，傷官乃制夫星之神，大運丙丁火運制傷官則顯。

己日寅月－一二一乾

甲子
丙寅
日主 己巳
庚午

正元己土天寒地凍，陽火解暖可言成就，火多不見水，富比陶朱公，甲乙木多無金制病同相如，官星被制西方不利，己土寅月，喜官不喜煞，己土寅月值身柔，若是身柔命不周，身旺更行南運美，逆行運氣壽休囚。

本造恭請祖師聖示以《大衍之數》相呼應得：九七七七八九（13同人）上九：同人於郊，無悔。《象》曰：同人於郊，志未得也。

※公益之事，全力奉獻。

楠評註：己土孟春，喜用丙甲癸，己土正月丙申透成格財藏支富比石崇，寅月己土天氣尚寒，喜丙火透天，陽火出干成就非凡，庚透時柱，丙火反制不剋甲官。

己日寅月－一二三坤

乙亥
戊寅
日主 己卯
乙丑

正月氣候尚寒取丙火為用，乙木透干成格，權謀之士。乙透須金制，專用乙木，足智多謀。壬不透不用戊，出平凡之造。甲庚丙癸調用中和之道，功名利祿透乙無金欺主，丘陵止水，高貴清新。己生寅月正初旬，土嫩木壯損日元，運入東北夫子秀，西方運來受孤貧。

本造恭請祖師聖示以《大衍之數》相呼應得：八九八九七七（5需）

九五：需於酒食，貞吉。《象》曰：酒食貞吉，以中正也。

※發生誤會需解釋清楚，免留後患。深入研究，豁然開朗。

楠評註：己土正月用丙甲，己土春月喜正官不喜七煞，四柱乙木出干陰土陰木，七煞透干成格，極智之士多謀善變，丙庚運中有成之人，忌壬制丙火。

己日卯月－一二三坤

丁亥
癸卯
日主 己丑
甲戌

二月己土，甲癸得用功名利祿。甲癸忌合，甲己並位，或戊癸臨月皆失效力。甲癸得丙祿食高位，見壬則否。甲遇庚制官星被奪出言不遜，官星有合輸情於丑，出壬見戊，低俗有餘。己日卯月殺當權，逆運需防壽不堅，順運火鄉無極妙，官星相通不周全。

本造恭請祖師聖示以《大衍之數》相呼應得：八八八七八六（15謙）

初六：謙謙君子，用涉大川，吉。《象》曰：謙謙君子，卑以自牧也。

※謙恭有禮，任何人都寬心以待，肯定自我，提升程度。

楠評註：己土卯月，甲癸。甲木疏土癸水潤之，甲癸齊透逢丙官居高位，甲癸忌合皆失效，甲己合官位失職退位，官殺混雜宜用庚制，地支會木局殺旺亦須見庚。

己日卯月－一二四乾

戊戌

乙卯

日主 己亥

壬申

乙透得祿，殺重身淺，壬財出又逢戊奪，戊土透宜乙木疏土，丙癸不出，未能取貴之格，四柱木全不帶印可從殺，八字傷官劫財重常人之造，巧言令色之人，地支會木局須庚透傷官制，己土臨逢乙卯提，殺重身輕宜印至，專用乙木殺無制，再行木運壽有阻。

本造恭請祖師聖示以《大衍之數》相呼應得：八九七七八六（31歲）

九五：咸其脢，無悔。《象》曰：咸其脢，志末也。

※公正不阿，得民心者得天下。不求有功，但求無過。

楠評註：己土仲春用甲癸，己土二月卯木得祿，乙出干，用甲忌合，用乙忌庚透，煞神用壬戊土制，丙癸不出不足取貴，乙木疏土不見功，喜逢丙運、庚運制煞為用。

己日辰月－一二五乾

癸巳
丙辰
日主 己酉
甲子

干透丙癸甲身繫天下，專用財生殺，清貴。柱無刑沖破害獨力匡朝廷，有癸無丙，斯文瀟灑。季土缺甲，秀才。支會土局骨肉浮雲，透丙甲支藏癸位高權重，己日辰提雜氣真，財官有氣定超群，順行運氣尤當妙，逆運行時不十分。

本造恭請祖師聖示以《大衍之數》相呼應得：七八九七八八（56旅）

九四：旅於處，得其資斧，我心不快。

《象》曰：旅於處，未得位也；得其資斧，心未快也。

※不為追求利益，增廣見聞，不須埋怨。

楠評註：己土辰月，丙癸甲，四柱丙癸甲三干齊透，身繫天下之志有如郭令公，癸丙成格甲透天，財印雙全定有年，支如全土局骨肉分離。

己日辰月－一二六乾

己巳

戊辰

日主　己丑

戊辰

辰土旺木微類成稼穡，殺微土旺水竭無甲木不靈，會火局火燥土頑無水不吉，癸水忌合戊土，無財印用獨官通俗之人，支會殺用庚，會殺無金貧困之兆，戊土忌神傷癸晦丙，己土三月雜氣旺，春土堪全稼穡功，乙木微微當作病，運至財星主財豐。

本造恭請祖師聖示以《大衍之數》相呼應得：九八六七八七（22賁）上九：白賁，無咎。《象》曰：白賁無咎，上得志也。

※純樸的心境與世無爭的心態，崇高無上的境界。

楠評註：己土季春，丙癸甲。財星入墓全土局，年日柱支拱傷官，運入財星主豐榮，類稼穡。會傷會食獨缺官，無財不富無官不貴，逢甲喜官星透天大吉。

己日巳月－一二七坤

丙申
癸巳

日主　己亥
甲子

己臨巳月庚金得於長生，夫星寅亥合官，殺星孤而秀，行東方夫旺地，夫子俱佳，巳月己土專用癸水，戊運制水，剋害無終。一派丙火，用水為救。壬水無根，滴水熬乾。或成旱象財無生機子息難成，水潤土成功之象官居高位，己臨亥日坐夫宮，亥巳相沖做病神，運入東方夫旺地，豈同閨閣等閒人。

本造恭請祖師聖示以《大衍之數》相呼應得：八八七八九九（54歸妹）九二：眇能視，利幽人之貞。《象》曰：利幽人之貞，未變常也。

※沖天之志一炮而紅，步步為營，時來運轉。

楠評註：己土四月，癸丙辛，己土巳月天氣漸炎，首用癸，忌戊土合，丙癸兩透可言富貴，東方運夫子俱佳，日月雙沖夫妻宮受創，婚姻不美滿。

己日巳月－一二八乾

庚寅
辛巳
日主 己未
乙亥

無丙癸孤陰不發，缺癸亢旱不生，巳月己土火土本旺，庚辛透出食傷洩秀，乙木雖透七煞本微，運轉東北時上七煞顯其威，丁火剋辛又逢丙，顏回窮居陋巷，癸丙全無不孤亦貧，己土生臨火旺鄉，土金清秀太非常，財逢七煞輕為病，滋殺成權顯廟廊。

本造恭請祖師聖示以《大衍之數》相呼應得：七九八六八六（20觀之22賁）

賁：亨小，利有攸往。《象》曰：山下有火，賁。君子以明庶政，無敢折獄。

※隨時準備好，以逸待勞。雖無厚福，確幸小補。

楠評註：己土四月，癸丙辛。用癸忌戊土，用辛忌見丁，庚辛兩見謂傷官，傷官成格人聰慧過人，性情中人，運至東北，顯名揚四海，發運發跡。

己巳午月－一二九乾

己亥
庚午
日主 己丑
癸酉

專用癸庚，丑宮潤土格之成，土金傷官主武貴，木火傷官主文貴，癸水至芒種後極弱，須配合庚辛金生輔助有功，用庚壬富而不貴，吉運相助有灌溉之功，支會木而無金非貧既夭，會火柱無滴水虛富。

本造恭請祖師聖示以《大衍之數》相呼應得：七七七九八六（33遯）

九三：係遯，有疾厲，畜臣妾，吉。

《象》曰：係遯之厲，有疾憊也；畜臣妾吉，不可大事也。

※害人之心不可有，防人之心不可無。用財生智，權宜之計。

楠評註：己土五月，癸丙辛。癸水五月極弱，見庚辛相輔，功成名就，武職得見其功，己亥、己丑遙拱水局透癸成就非小，用庚配壬富而不貴，丙運特達。

己日午月－一三〇乾

丁酉
丙午
日主 己未
己巳

支會火局柱無滴水，食神被制不窮亦孤，比印過旺，無正格取用，西北運尚吉，火為病金水為救，干全火土支會火，無水解目疾，任何格局無取貴之道，潤土生金尚可取貴，會火透壬，虛富。刑剋過重，低俗不堪。

本造恭請祖師聖示以《大衍之數》相呼應得：八八六七九七（11泰）

六四：翩翩不富以其鄰，不戒以孚。

《象》曰：翩翩不富，皆失實也；不戒以孚，中心願也。

※不失禮數，向下修正，條條道路通羅馬。

楠評註：己土午月，三夏用癸丙辛。己土夏月支會火局柱不見水，食神辛金被制，火為病，金水為藥，會火局見壬水虛富而已，透癸水則大富之造。

己日未月－一三一乾

庚申
癸未
日主　己酉
甲戌

己土生臨未月雖火勢炎盛，勢實三伏生寒，丙火不可缺，己土氣旺又有火氣生，土旺支會金又透庚辛，土洩於金而秀，火局破金則不祿，北方壬癸運甚美，入戌運恐牢獄之災，北方運破火存金財富甚鉅，己臨未月火炎蒸，見火生身益壯神，土旺喜用金洩氣，養金喜水定超群。

本造恭請祖師聖示以《大衍之數》相呼應得：八八七七九七（34大壯）

九二：貞吉。《象》曰：九二貞吉，以中也。

※行中道必利，有理走遍天下，無理寸步難行。傷官洩秀，才華洋溢。

楠評註：己日未月喜癸丙辛，己土六月支會金傷官，土旺用金洩秀謂土金傷官，才思敏捷，用庚忌丁火，透癸財豐，用癸忌戊土合會丙，會金逢丁火必有災。

己日未月－一三二乾

丁亥
丁未
日主　己卯
戊辰

勾陳得位會財官，無沖破命必吉，申子北方東卯木，管教一舉拜金鑾，身強用煞逢印不富也貴，己土未月欣逢殺，劫殺相傷更妙哉，運氣中年多發達，不拘順逆稱心懷。

本造恭請祖師聖示以《大衍之數》相呼應得：八七八七九八（48井）

九二：井谷射鮒，甕敝漏。《象》曰：井谷射鮒，無與也

※頹廢已久，重新出發。喜是翻身離虎穴，誰知失足在龍潭，方向不同，思維修正。

楠評註：己土六月，癸丙辛。己土支會煞，四柱無金，時透戊土不用癸，雙透丁火身更強，會殺喜用庚辛運，丙運來時身更強，不富即貴，申子運中富中取貴。

己日申月－一三三坤

辛丑

丙申

日主 己丑

庚午

傷官盜氣多者，用印不用財。庚子、辛丑，洩氣破印，目疾病連連。人東方寅卯地，木生火旺而痊癒，丙丁二火剋制傷官存土，精英，旺夫旺子，辰運會子破火壽傾，己土

生申金氣重，金多用火反成功，北方見水身多疾，日祿歸時福壽崇。

本造恭請祖師聖示以《大衍之數》相呼應得：七九六八七六（59渙之38睽）

睽：小事吉。《象》曰：上火下澤，睽。君子以同而異。

※家道窮必舛，相忍為謀，不慕名利，平安無事。

楠評註：己土申月用丙癸，辛丙化合變水旺取代用神，四柱缺木，丙火透天印扶身，東方運來有出頭，發財非常旺夫，子運會辰人多病。

己日申月－一三四乾

癸未
庚申
日主 己未
甲戌

三秋己土用甲亦須丙癸相輔，茂盛如春、如夏，丙癸不可離為首選，申月寒氣漸升須丙溫癸潤，先癸後用甲專用未宮丁火，無丙有富不貴，支成金局，癸水通根，富中取貴，食傷生財大富之造，支寅巳根藏丙戊，日主有氣，異途功名，己土申月用傷官，若是身輕必不安，喜須宜行逆運，怕逢寅卯殺相干。

本造恭請祖師聖示以《大衍之數》相呼應得：七七八九八八（53漸）

九三：鴻漸於陸，夫征不復，婦孕不育，凶，利禦寇。

《象》曰：夫征不復，離群醜也。婦孕不育，失道也。利用禦寇，順相保也。

※於公於私以國為重，自求多福，積德、讀書。

楠評註：己土申月取丙癸，己土庚申月傷官重，透癸無丙富而不久，有癸透甲用未中丁火溫，己土通根未謂身強，若是身輕必不祥。

己日酉月－一三五乾

丙子

丁酉
日主 己未
庚午

三秋己土用丙火暖癸為潤，支多四季透甲者富無甲否，有丙兼有癸，功勳武將。有丙無癸，武舉受封。有壬癸無丙，衣食不缺。支成金局干透癸福慧雙修，己土八月辛金旺，若是身經而不牢，旺喜順行衰喜逆，無財無殺不為高。

本造恭請祖師聖示以《大衍之數》相呼應得：八八八八八八（2坤）

坤：元亨，利牝馬之貞。君子有攸往，先迷後得主。利西南得朋，東北喪朋，安貞吉。

《象》曰：地勢坤，君子以厚德載物。

※有土斯有財，母愛天下，寬容雅量。

楠評註：己日仲秋用丙癸，用丙癸忌戊運，四柱無甲木，乙入未墓失效，丙透藏癸武職受封，水運來時財安樂，比運生傷官福壽齊。

己日酉月－一三六坤

乙巳
乙酉
日主　己丑
丙寅

三秋己土，支成金局，無火透干，孤苦貧人。用神多者宜洩之，癸透有根食神生財大富之造，癸丙雙透，百官之首。透丙用壬，異途顯達。會木透乙無庚制膽大妄為，土得金火成大器，一將當關，強金遇火煉，郭令公身繫天下，丙癸甲全無，伍子胥過昭關。

本造恭請祖師聖示以《大衍之數》相呼應得：六六七八八八（16豫）

上六：冥豫，成有渝，無咎。《象》曰：冥豫在上，何可長也。

※無有遠慮，必有近憂。

楠評註：己土八月用丙癸，己土酉支會金，時透丙寅成功之造，透丙藏癸異路功名，火運來時功名可求，大器之象，戊運諸事不順遂，時上丙火為首選之用神，癸運子運大發利市。

己日戌月－一三七乾

甲寅
甲戌
日主 己丑
丙寅

九月己土與八月相同，丙癸為用喜忌與架構而論，柱多金有透用火，出壬癸食衣不缺得戊，鑿壁引光，金水兩全，清貴而富，土多用甲得富無甲而貧，水木藏支得祿無剋亦貴，旺金洩土氣得丙丁而解，己土如逢九月天，財官兩旺福天邊，運行順逆俱平穩，發達之時在壯年。

本造恭請祖師聖示以《大衍之數》相呼應得：九八七八八七（21噬嗑）

上九：何校滅耳，凶。《象》曰：聰不明也。

※長年做惡得到懲罰，承擔過錯。

楠評註：九月己土喜丙癸，雙透甲木支會火局，癸水藏丑宮，丙子運相臨多財富，用印用財喜相連，戊運來時愁滿天，火土旺得甲福不遠。

己日戌月－一三八乾

己未
甲戌
日主 己亥
丁卯

官星被奪又逢合，支會木局，成殺重身輕，干無金透七煞無制，司馬懿裝病騙曹操，干無食傷謂土木自戰，三秋己土唯有丙癸才是上造，假如七殺是用神，不能論七煞無制，例如：支成木局天干透癸，福祿無邊，財多身弱體已虛，會殺無制壽可期，印旺不宜用財制，印旺定須用食印。

本造恭請祖師聖示以《大衍之數》相呼應得：八七八八九九（60節）

九二：不出門庭，凶。《象》曰：不出門庭凶，失時極也。

※肯定自我掌握未來，終身學習。

楠評註：己土戌月喜丙癸，支會木局煞重身淺，干無庚辛七煞無制，會木土木自戰，癸運蔭父母獲財頗豐，九月己丙癸乃是上造，幼年體弱多病。

己日亥月－一三九乾

甲午

乙亥

日主　己未

丙寅

十月壬水司令，財本旺，己土亥月須丙火暖土，見火不孤天干有戊則不貧，透丙又逢甲木名利雙收，柱柱多壬水見戊制，常山趙子龍，玉潤金聲。例如：三冬己土地支（財局）水透天干稱財多身弱，丙丁火為喜用神水多制火，須戊己土制水稱比劫護財，扶身強而用財，日主干強七殺顯，財來滋殺養精神，殺透財藏真為貴，年少高登虎榜人。

本造恭請祖師聖示以大衍之數相呼應得八八八八八八（2坤）

坤：元亨，利牝馬之貞，先迷後得主，利西南得朋，東北喪朋，安貞吉。

《象》曰：地勢坤，君子以厚德載物。

※先失而後得。天下父母心。

楠評註：己日十月取丙甲，亥月壬水得祿己土本有財，冬月須丙火照暖，土溫厚實，丙申雙透富貴之造，官印相生成格，福祿雙收，三冬己土不能缺丙火。

己日亥月－一四〇乾

甲戌

乙亥

日主　己巳

戊辰

三冬己土濕泥寒凍，日主緊臨巳亥沖，無汪洋之勢，支全天羅地網，一生是非多端，己土不能制水，甲木相輔，名利雙收。丁火無法解凍以丙為首選，干出丙火而貴，支會水，透戊土則富，亥月己土用財官，身旺財官總是歡，若是身柔行順運，東方難抉一平安。

本造恭請祖師聖示以《大衍之數》相呼應得：六八八七九七（11泰）

上六：城復於隍，勿用師，自邑告命，貞吝。《象》曰：城復於隍，其命亂也。

※成中有敗，失信於天下則不順，修身養性。

楠評註：三冬己土用丙甲，透官星忌壬水出干，時柱戊土劫財出天干不忌壬水，日月柱逢沖夫妻宮有創，地支辰巳戌亥會天羅地網，常有痲煩爭端，丙運吉祥之運。

己日子月－一四一乾

戊辰

甲子
日主 己巳
丙寅

三冬己土壬水不透不用戊土，壬水濕冷不能用財，身弱見丙火則土暖不孤，見土則身強足於用財用官，火土並見則富貴兩全，比劫爭財者，凡人之造，從財者，妻賢，主夫之事，土多見甲出干制者富貴，凡己土子月柱無丙不貴，土命冬月行北方運，一事無成，身旺誠能掌大財，財多身弱便生災，遷官何處求根本，歲運還須有印來。

本造恭請祖師聖示以《大衍之數》相呼應得：六七八七六七（63既濟）

上六：濡其首，厲。《象》曰：濡其首，厲，何可久也。

※小心駛得百年船，衝動者必遭不吉。

楠評註：己土子月，丙甲。己土三冬壬水不透干不須用戊，丙甲雙透兩得祿成格，富貴可期，土多透甲制成造之造，丙丁運福慧雙修。

己日子月－一四二乾

壬辰
壬子
日主 己卯
甲戌

雙壬透出無戊制，己土寒冷更加深，柱中無丙己無望，更加水旺重來見，卯戌有合不得位，身弱忌財旺，不能任財官，戊中丁火微弱力薄不足採用，己日子月用財星，無印劫來局凋零，無官坐殺格局清，順行寅卯壽相傾。

本造恭請祖師聖示以《大衍之數》相呼應得：八八六八八七（24復）

六四：中行獨復。《象》曰：中行獨復，以從道也。

※安定中求發展，勿好高騖遠，平安就是福，不慕富貴。

楠評註：己土仲冬用丙甲，子月寒冷，雙透壬水氣更寒，無丙不能照暖，身弱忌壬癸透，水旺則土崩，身輕不用財，待丙甲運來春暖花開，日時雙合必得孝子。

己日丑月－一四三坤

丙子
辛丑
日主 己未
庚午

己日生丑月雖有丙火，透出庚辛金更不宜，夫星受制太過，己亥運當頭遂願，一入西方運，不利夫而孀居，一子到老食傷過重傷夫星，女命宜夫星得祿，印透化合為財，身弱用財不相宜印逢財罷職，坐下夫星木氣微，不堪金旺木受催，西方運入金多見，獨守孤燈不自知。

本造恭請祖師聖示以《大衍之數》相呼應得：八九八八七八（29坎）

九五：坎不盈，祇既平，無咎。《象》曰：坎不盈，中未大也。

※謙恭待人，以仁為本，忍一時風平浪靜。

楠評註：己日丑月取丙甲為用，子有丙火逢辛化合，雖得位，辛金出干總不宜。丁酉運雖破辛金，夫星受制，金運總不宜。丙、甲、寅運才能順遂。

己日丑月－一四四乾

丁亥
癸丑
日主 己未
癸酉

己日丑月土氣重，身旺宜洩，丑酉金局用金假傷官，癸酉時為金神。未宮亥宮酉甲乙木官殺，為傷官之病，運行西方破官殺，貴矣。丁火為喜被癸水制，戊運合癸為有病得藥，顯達一時。日干己未坐金神，土厚金輕理自真，運轉西方金閒地，金輕豈做等閒人。

本造恭請祖師聖示以《大衍之數》相呼應得：八八八八九八（7師）九二：在師中吉，無咎。王三錫命。

《象》曰：在師中吉，承天寵也。王三錫命，懷萬邦也。

※郭令公身繫天下，建功立業，廣結善緣。

楠評註：己日丑月，丙甲。丙為調候之神，氣候寒冬調候為急，月日柱雙沖，夫妻宮受創，婚姻有礙，柱無丙用丁，癸水雙透甚為不佳，戊運剋制癸轉敗為勝。

庚日寅月－一四五乾

甲子

丙寅

日主 庚午

壬午

正月甲木得祿戊土被制無法生金，寅月氣溫尚寒以丙火暖金，次取甲木疏土，使戊土不埋金，庚金寅地逢絕燥土不生金，故云春金弱支無會水，不用戊土寅宮戊土長生，取甲木疏土，財生殺，有生扶之意，丙甲兩透，富貴可期，丙藏則異途顯達，甲丙不出干用神仍在，不透亦可取貴，庚金寅月日干微，上透天干命更威，逆運初嫌年子丑，順行大運怕逢離。

本造恭請祖師聖示以《大衍之數》相呼應得：八八七七九（34大壯）

初九：壯於趾，征凶，有孚。《象》曰：壯於趾，其孚窮也。

※無有遠慮，必有近憂。

楠評註：庚日寅月取丙甲，春月庚金喜丙火，喜財生煞，正月氣溫尚寒，喜丙火暖金，忌地支會火，庚至寅氣已絕，不喜戊土埋金則不靈，甲丙兩透成財生煞格局明，甲木有疏土之功富貴可求。

庚日寅月－一四六乾

戊戌
甲寅
日主　庚午

己卯

正月庚金在絕位氣候寒冷，首選丙火暖金，但本造四柱合火，八字欠缺壬癸水，支成火局柱無水疾嘆伯言，會火壬水出干有更者大富，無壬癸水殘疾之人，透土有根才高八斗，見金傷木又帶火家大業大，透丁有土不見水官運亨通，丙甲兩透文章蓋世，丙藏甲透弱冠功名，土多甲藏田連阡陌，土多甲透官至貴胄。

本造恭請祖師聖示以《大衍之數》相呼應得：八七九八七八（47困）

九四：來徐徐，困於金車，吝，有終。

《象》曰：來徐徐，志在下也。雖不當位，有與也。

※誠心悔過，將功折罪。

楠評註：庚金寅月，丙甲，四柱支會火局，八字缺水，多病之造，得壬水出干者大富。得戊土出才思敏捷。丙藏甲透少年得志，如透一丁官運順遂。

庚日卯月－一四七乾

甲辰
丁卯
日主 庚申
庚辰

二月卯木秉令四柱自然有木火，天干透庚輸情於乙木，合金有暗強之勢，三春木旺無從化之理，庚日見卯戀財而貪財忘官，見丁透干又逢甲引丁配得中和，可言科甲，支無藏庚合印僻甲引丁，三者聯用輔成日元通根得祿，柱有丁甲無庚者無法取貴，庚日生值仲春時，官殺如逢命始奇，但嫌四柱日元弱，順運三旬恐有損。

本造恭請祖師聖示以《大衍之數》相呼應得：八八八九七八（46升）九三：升虛邑。《象》曰：升虛邑，無所疑也。

※心無旁騖，一心勇往直前。虛心受教高人一等，轉念之間，禍福立見。

楠評註：庚金卯月，丁甲。庚金二月乙木得祿，忌乙透干，卯月自然有木火，丁出干有逢甲，科甲可取，喜得庚辰時，日主有根申帶祿，日時拱水，五行中和配合得宜。

庚日卯月－一四八坤

戊午
乙卯
日主 庚寅
癸未

庚日卯月取丁甲，用丁則貴，用丙則富無甲尚有衣食，用丙奔波忙碌致富，見戊己土透干宜用甲制，庚金至卯為死地，印重有壓扶之狀，宜甲為用，己為濕土辰丑為吉生庚之印，土薄則生有益，土重埋金無光，庚乙并位貪合忘官，財旺身弱，不相位，印逢寅卯也重傷，傷官時逢支無根，庚乙逢合於假化。

本造恭請祖師聖示以《大衍之數》相呼應得：八八九八八九（51震）

九四：震遂泥。《象》曰：震遂泥，未光也。

※小心駛得萬年船，待人以誠，財多身弱，不奢浮華。

楠評註：庚日仲春用丁甲，乙庚有合，貪合忘官，用丁則貴，用丙則富。時柱透癸有礙官星，庚金至卯死地，透土，用甲木制土。功成致富，年時雙合必有祖上庇蔭。

庚日辰月－一四九乾

丁丑
甲辰
日主 庚寅
丙子

三月庚金用甲丁，丁甲雙透，勾踐復國之喜，透庚制甲，馬謖失街亭之悲，支藏甲丁兼藏丙棄文就武，支透癸水支火局駟馬高車，庚金三月土重重，更有財官福祿豐，逆運強勝順運吉，中逢子地有災凶。

本造恭請祖師聖示以《大衍之數》相呼應得：八七八七九九（5需）

九二：需於沙，小有言，終吉。《象》曰：需於沙，衍在中也。雖小有言，以吉終也。

※謠言止於智者，戒慎恐懼，根基穩固，不怕流言。

楠評註：庚日三月季春用丁甲，辰月戊土司令，用甲相制有功，丁甲雙透有財有官，劉備三請孔明如魚得水，逢庚制甲戌中有敗，財官兩出，富中求貴。

庚日辰月 — 一五〇坤

丙子
壬辰
日主 庚申
庚辰

甲丁俱無謨利艱難苦涉，透壬會水無戊制夫星難越，丙火雖透逢壬制亦枉然，水重不宜入北方運，水氣益盈夫不足，雖然金輕水清，只為伶俐，如能透丁無合制班超從戎，夫星衰弱制重重，火少哪堪強力沖，再入北方夫氣絕，一生婢妾走西東。

本造恭請祖師聖示以《大衍之數》相呼應得：八七七八七七（58兌）

兌：亨，利貞。《象》曰：麗澤，兌。君子以朋友講習。

《象》曰：兌說也，剛中而柔外，說以利貞……。

※待人真誠，友人真心回報，才德不足，廣結善緣。

楠評註：庚日辰月，甲丁。支會水局無戊制，傷官旺損夫星，丙出無根難發越，金輕水旺人伶俐，才高八斗，逢丁只為求官星，丁無壬合人有志，入北方運不吉之災。

庚日巳月－一五一乾

己未

己巳

日主 庚辰

壬午

巳月庚金壬丙戊全節駐柏台，有水火土官至棘寺，巳月丙戊得祿庚不忌丙剋，戊土不生金故夏月不能無水，柱中一派丙火虛情假意，身殺兩旺須壬水得輔，病重得藥，富貴可期，無水則火炎土燥，支成金局須透丁火，忌見壬癸，官殺過旺反以食傷，庚金四月殺星旺，有制方知殺伏強，若水無根又無制，其中有多少年亡。

本造恭請祖師聖示以《大衍之數》相呼應得：七七八七八九（37家人）

初九：閑有家，悔亡。《象》曰：閑有家，志未變也。

※從容準備，熟能生巧。從小紮根，有志竟成，以智取勝，不用蠻力。

楠評註：庚日巳月，壬戊丙。巳月丙戊司令，地支會火，天干透壬，食神制煞有功，庚金忌丁不忌丙剋。但喜壬水透干，身殺兩停得壬水相輔，有成之造，柱中丙火過旺，言不由衷。

庚日巳月 — 一五二坤

乙酉

辛巳

日主 庚辰

丁丑

巳月庚金首用壬戊，次為丙，地支會金用丁，不喜水運，支會火陽刃亦無效，逢陽刃，辰巳為喜，不宜再入火運，鍛鍊太過，支逢刑剋者，漂流之命，用丁文貴，用丙武貴，庚辰、庚戌號魁罡，金會局，無丁火為身旺無依，庚金四月殺雖強，制煞哪堪水性狂，衰殺喜行寅卯運，北方重見水難當。

本造恭請祖師聖示以《大衍之數》相呼應得：八九九七八八（31咸）

九五：咸其脢，無悔。《象》曰：咸其脢，志末也。

※愛與奉獻不計利益，施比受更有福，不求有功但求無過。

楠評註：庚金巳月首選壬戊次用丙，地支會金局謂從格，金旺取丁火相制濟，忌入水運。支會陽刃見辰巳轉喜，火運不吉，制刃太過總不吉，支逢刑剋，漂流之女。

庚日午月－一五三乾

庚寅
壬午

日主 庚子
甲申

五月庚金專用壬水妙用元武，壬透庚藏，名揚青史，癸透兼辛，投筆從戎，四柱無壬癸水，龍擱淺灘，干透戊己土，鐵樹不開花，癸出見金異路功名富貴不久，午月火旺壬癸點滴不足破火，反成燥火煉庚心有餘力不足，庚金五月喜有根，有水有根貴堪言，逆行大運宜東方，子字相逢總不然。

本造恭請祖師聖示以《大衍之數》相呼應得：八七八九九八（48井）

九三：井渫不食，為我心惻，可用汲，王明並受其福。

《象》曰：井渫不食，行惻也，求王明，受福也。

※適時表達能力，以德服人，知音難尋，久旱逢甘霖，時候未到不可急躁。

楠評註：庚日午月用壬癸，五月庚金日坐傷官，透壬水大吉之象，妙用玄武。忌戊土出干，專用壬水戊己運中，凡事不順遂。壬水有根不致燥火煉庚，甲運亦吉。

庚日午月－一五四坤

戊子
戊午
日主 庚寅
丙戌

午月庚金用壬水，支成火局所藏癸水，滴水必煎乾恐有眼疾，雙戊透成成晦火之用，只是常人，奔波勞碌，透甲破戊有病得藥，富貴可期，如支會水透戊則大富之造，庚日午月火炎炎，丙火透干甚不良，支會火局更辛勞，戊土透出水無縱。

本造恭請祖師聖示以《大衍之數》相呼應得：七七七八八八（12否）

否：否之匪人，不利君子貞，大往小來。《象》曰：天地不交，否。君子以儉德避難，不可榮以祿。

※時不我與，謙卑行事。

楠評註：庚日午月，壬癸為用，柱有戊土雙透，支有會火局，雖子中有癸一喜，哪堪制三敵，奔波到老，恐有眼疾，甲運勞碌致富，丙丁運辛勞不成，壬癸兩運亦佳。

庚日未月－一五五乾

癸巳
己未
日主 庚辰
甲申

未月三寒，水已進氣，丁火極弱，專用甲木，有財有官，能成氣象，甲丁雙透，風光明媚，丁甲全無，悲鶴鳴空，甲丁不齊命如風中燭，有甲無丁不被水傷，貿易得富，衣祿充足，總而丁甲兩透大富之兆庚金未月火雖炎，制煞哪堪水太嚴，甲乙丙丁資殺運，青雲路達豈能淹。

本造恭請祖師聖示以《大衍之數》相呼應得：六八七七六八（62小過）

上六：弗遇過之，飛鳥離之，凶。是謂災眚。《象》曰：弗遇過之，已亢也。

※小不忍則亂大謀，凡事三思而後行，不聽使喚後患無窮。

楠評註：庚日未月，壬丁甲，未月三伏生寒，水已進氣，丁火轉弱，透癸用甲傷官生財，吉祥如意。有財用官，氣象萬千，丁火不被水傷經商致富，甲丁全無貧窮到老。

庚日未月－一五六坤

辛酉
乙未
日主 庚辰
乙酉

六月庚日取甲丁，女命魁罡，聰明練達過人，權重，奪夫之權，陽刃重見者孤，四柱多合，貪財壞印，六月三伏生寒，辰戌丑未，四季云土，未月土最旺，土旺則金頑，宜用丁火煉，次取甲木疏土，財多則忘官，一丁異途，二丁顯達，無丁常人奔波，庚金未月土旺地，戊己土重命無過，若是土輕行逆運，康寧福壽沐恩波。

本造恭請祖師聖示以《大衍之數》相呼應得：七九九八六八（12否）
否：否之匪人，不利君子貞，大往小來。
《象》曰：天地不交，否。君子以儉德避難，不可榮以祿。
※虛心受教，聆聽教悔，懷才不遇，不可氣餒。
楠評註：庚日未月，壬丁甲。六月庚金，日元魁罡聰明練達。陽刃重逢，身強宜丙丁，殺刃均停，未月土重宜用甲木，一見丁火異途求富，女命魁罡奪夫權，當家做主。

庚日申月－一五七乾

庚寅
甲申
日主 庚辰
丁丑

七月庚金剛銳至極專用丁火，次以甲木引光，秋金不宜壬癸，干透丁甲不見水，滿腹經綸，支成水局無丁甲呆若司馬衷，庚金頑強須用丁煉方成大器，辛金旺則用壬水洗洩，有丁無甲，學術成名，有甲無丁，食衣不缺，丁甲全無，下格，水火如果來成局，試看福壽與山齊，庚金七月金太剛，支若坐實也平常，財官兩處宜順行，財殺輕時逆運強。

本造恭請祖師聖示以《大衍之數》相呼應得：七六八八八八（23剝）

六五：貫魚以宮人寵，無不利。《象》曰：以宮人寵，終無尤也。

※真才實學，服務大眾深受擁戴，名利兩得，條理分明，適才適用。

楠評註：庚金七月取丁甲，年日遙拱財，身強用財，干透甲丁蘇東坡之才華，庚金申月頑強，有丁火煉大器有成，甲丁全無不成氣候，壬癸運不吉。

庚日申月—一五八坤

癸未
庚申

日主 庚子
壬午

庚日申月下通申子之氣，水盛能動午中官印再行北方，重重水氣，身主有氣，地支會申子辰，無甲則愚，無甲用丁亦能取貴，富而不久，地支水氣過旺，午中丁火伐力，干透丁支會火局富貴非常，行南方運謂金神入火鄉，申月庚日子申重，午土財官暗喜沖，金水兩干顯清榮，邦家萬世有奇功。

本造恭請祖師聖示以《大衍之數》相呼應得：八六八九八八（15謙）

六五：不富以其鄰，利用侵伐，無不利。《象》曰：利用侵伐，征不服也。

※克服萬難，充實準備，老謀深算，戰無不勝，理直才能氣壯，不可魯莽。

楠評註：庚日申月，丁甲。干透壬癸水為忌，四柱有丁無甲。傷官格缺甲平常之造，甲丁運妙不可言，戊運亦吉，金水全逢清閒度日，富家子弟不善經營。

庚日酉月 – 一五九乾

丙辰
丁火
日主 庚午
甲申

八月庚金喜丁甲次丙佐，三神齊透，佐國良相，丁火有透支藏丙文武雙全，八月垣陽刃秉令，金最銳，秋氣漸深，寒威日重，故須丁丙甲並用，丙解寒甲木生火鍛鍊庚金，本月不忌官殺混雜，並用方能取貴功成名就，喜丙丁全透得力，逢甲相助又有功，午地丙丁遇有根，財官印地喜相逢。

本造恭請祖師聖示以《大衍之數》相呼應得：六七八八六八（8比）

上六：比之無首，凶。《象》曰：比之無首，無所終也。

※無遠慮必有近憂，多充實準備以應不時之需，謙虛為懷，不離人群。

楠評註：庚日酉月，丙丁。八月庚金曰陽刃，身強取用丁丙，酉月庚金頑強，不忌官殺混雜，反喜丁丙相制，丁丙甲全透，管仲輔佐齊桓公，有陽刃忌卯沖。有甲無丙丁藝術之流，丙丁有透無甲亦是富貴之命。

庚日酉月－一六〇乾

乙巳
乙酉
日主 庚午
丁亥

八月庚金雖旺喜丁甲丙，陽刃身強用財生官，丁透甲藏亥各俱有根，辛巳、戊己運興財富，陽刃忌沖，專用丁甲不貴亦富。甲丙丁全，貴為王將，庚金身旺透官星，金輕清澈木火盈，辛巳庚辰金補運，當年財富頗馳名。

本造恭請祖師聖示以《大衍之數》相呼應得：八八八八八六（2坤）

初六：履霜堅冰至。《象》曰：履霜堅冰，陰始凝也，馴致其道，至堅冰也。

※歷盡滄桑一戰成名，居善之家必有餘慶。

楠評註：庚金八月，丁甲丙。庚金酉月用甲財生丙丁官殺正用，專用丁甲不貴亦富，三神全透佐國良相，主將之才。酉月陽刃不得從煞，除非支會食傷，否則不用戊己土。

庚日戌月－一六一乾

壬申
庚戌
日主 庚申
甲申

戌月霜降前與酉月同論，九月戊土司令，透出土重金埋，需二甲一制一用，顯貴之造，壬甲齊透，功成名就，見戊己透無甲，愚公移山，有壬無甲，凡人而已，壬甲全無無能僧道之人，有甲無壬，有能之士，庚日戌月喜逢財，殺透天干亦妙哉，順命初年兼子地，逆行離巽恐有災。

本造恭請祖師聖示以《大衍之數》相呼應得：八八八八六八（2坤）

六二：直、方、大，不習無不利。

《象》曰：六二之動，直以方也。不習無不利，地道光也。

※早做準備，迎刃而解，順勢而為，無往不利。

楠評註：庚日戌月取甲壬，忌正印，己出天干，食神生財為上格，九月戊土司令用甲制，透壬又逢戊己，呆如司馬衷（晉惠帝）。戊己有出干，用二甲一制一用，戌月不用煞印相生，食神制煞為上上之造。

庚日戌月－一六二坤

甲寅

甲戌

日主 庚子

戊寅

九月戊土得令忌透出干，透一戊須二甲一制一用，透戊而無甲，祖業蕭條傾蕩，支會官殺，財透為用，雙透甲木，才勝李白，只論財官，多為真貴，身旺剋財，則為榮顯，宜退身而避位，夫旺喜制伏之地，如支會水干透丙文苑裴聲，雜氣財官仔細推，乾坤四季吐光輝，身強財旺生官位，運至中年掛紫衣。

本造恭請祖師聖示以《大衍之數》相呼應得：八八八八九六（7師）

九二：在師中吉，無咎，王三錫命。

《象》曰：在師中吉，承天寵也。王三錫命，懷萬邦也。

※承先啟後，領導有方，才華洋溢，得到重用。

楠評註：庚金戌月用甲壬，戌月戊土司權，取甲制戊。辛金尚有餘氣，用壬洗金。

四柱雙透甲木支拱火，才似李白，時柱戊土高透甲木制之，只論財生官，貴格，水運特達。

庚日亥月－一六三乾

乙未

丁亥
庚寅
日主　甲申

十月壬水秉令，金寒水冷，非丙不暖無丁不成氣候，庚金剛健不忌官殺混雜，用丁不離甲支有寅巳生祿，官至高位無會水局文才武略，丁甲齊透無剋皇榜欽點，庚金傷官固然聰明，土重埋金反成愚頑，

言金水傷官見官，庚金亥月用財官，甲丁齊透相見歡，巳午重見必神奇，運逢壬癸便不宜。

本造恭請祖師聖示以《大衍之數》相呼應得：八八七八八八（16豫）

豫：利建候行師。《象》曰：雷出地奮，豫。先王以作樂崇德，殷薦之上帝以配祖考。

※充實準備，蓄勢待發，祖上有德，再接再厲。

楠評註：庚日亥月，丁丙。十月庚金氣候漸寒，取丁丙甲，丁甲有透支藏丙，大器之造，不忌官殺混雜，水不出干，文韜武略，巳午運中名揚四海，十月傷官見官相見歡。

庚日亥月－一六四坤

己未
乙亥
日主 庚子
丙子

三冬庚金水旺秉令，乃金水傷官金寒水冷，無丙不暖庚金逢水洩氣，變身弱宜用比劫幫身，身強喜丙丁，身弱喜比劫，冬金傷官要見官，透丁得甲文武雙全，支成金局無火為下格，支有雙子透丙己文學過人，無丁有丙支通寅巳大富，金寒水冷無丙丁不能取貴，支有二子透丙己，文學有才能之士，亥為庚金敗之地，再見丙丁多富貴。

本造恭請祖師聖示以《大衍之數》相呼應得：八八八八八八（2坤）

坤：元亨，利牝馬之貞，君子有攸往，先迷後得主。利西南得朋，東北喪朋，安貞吉。

《象》曰：地勢坤，君子以厚德載物。

※有土斯有財。

楠評註：庚金亥月用丙丁，專用丙火最喜通根寅巳宮，三冬庚金金寒水冷，取丙火照暖，庚金無根為身弱，喜比劫運。四柱不可缺丁火煉庚之用，無丙丁不能取貴。

庚日子月－一六五乾

甲申
丙子
日主 庚午
丁丑

十一月庚金喜甲丙丁，天氣嚴寒丙火照射如魚得水，時透丁玄德得孔明之助，子月癸水當令傷官旺，庚金傷官宜見官，甲木為佐丙支藏，有丁甲無丙火亦貢監生員，有丁無甲可富可貴，透丙藏丁，武將出身，庚金傷官喜見官，運逢官殺貴無端，正是頑金逢火煉，少年折桂上金鑾。

本造恭請祖師聖示以大衍之數相呼應得：八九九八九六（47困之24復）〈復・六三〉：頻復，厲，無咎。《象》曰：頻復之厲，義無咎也。

※謠言四起，禍起蕭牆。

楠評註：庚日子月，丙丁甲。庚金子月號傷官，十一月喜丙丁用甲相佐，曰傷官喜見官殺，丙丁甲全透大吉之造，丙火暖金丁火煉，富貴雙全。

庚日子月－一六六坤

甲申
丙子
日主 庚戌
乙酉

庚日生子在死地，仲冬天寒地凍丙丁不可缺，冬庚會金女命得斷臂流芳，庚金剛支得刃，眼諭秋水，云；剔眸有節之操，金白水清，甲丙透無丁，富而不久，子月如逢庚日干，有財有殺始平安，西方不似東方運，午運如逢壽相傾。

本造恭請祖師聖示以《大衍之數》相呼應得：六八七八八八（16豫）

上六：冥豫，成有渝，無咎。《象》曰：冥豫在上，何可長也。

※按部就班，不失荒張失措。

楠評註：庚金子月，丙丁甲。子月庚金支會金局，專用丙甲，戌藏丁庫，木火運大吉之象，再逢水運得貞潔牌坊，斷臂流芳。丁不透干富不持久。

庚日丑月－一六七乾

甲申
丁丑
日主　庚寅
丙戌

十二月庚金三冬不離丙甲丁，三者全透，名門世家，有甲丁無丙文學揚國際，透丙無丁甲，家財萬貫，因富取貴，有甲無丁丙，白手成家，如干透癸破壞美局，見丁甲藏丙，富貴可期，癸水出困丙丁與無不同，無丙有癸清貧，有丙透癸尚有衣食，庚金丑月有財官，格局分明雜氣看，柱無木火終不美，東南運氣遇為歡。

本造恭請祖師聖示以《大衍之數》相呼應得：七七八六九八（59渙）

六三：渙其躬，無悔。《象》曰：渙其躬，志在外也。

※寬以待人，身有餘力則當行任。

楠評註：庚金丑月，丙丁甲。喜用全透豪門鉅富，用甲丁無丙，才華洋溢。有丙無甲丁，富中取貴。庚金三冬不離丙丁甲，見水透干見丙丁衣食不缺。

庚日丑月－一六八坤

丁亥
癸丑
日主 庚戌

丙子

庚金十二月正用丙丁甲，干透丁丙又逢癸，地支會水無土制成中有敗，冬庚喜火木，喜丙丁透，癸透制丁又剋丙喜用被制，透戊則因病得藥富中取貴，傷官過重制去官殺夫被奪，喜火土運破水局，為反敗為勝格局清又明，庚金丑月氣寒凝，氣弱能清劫有情，最喜火土破傷官，南方火土最精神。

本造恭請祖師聖示以《大衍之數》相呼應得：六八八七七八（46升）

上六：冥升，利於不息之貞。《象》曰：冥升在上，消不富也。

※永無止盡的磨練，不妄求助，得道多助。

楠評註：庚日丑月，丙丁甲。干透丙丁見癸水，地支會水，傷官見官喜相逢，行戌運破水有功，丁火正官為夫星被癸水奪，火土運中反敗為勝格局明。

辛日寅月－一六九乾

壬辰

壬寅
日主 辛卯
己丑

正月辛金雖寒氣未消然，寅月丙火長生甲木司令，己土可解寒，卻懼甲木合，丙火亦懼並位於辛，壬水洗，得顯辛金之用，寅月辛金喜己壬無甲合，終有所成，寅月不能缺土，但土多有埋金之憂，辛金喜己印忌甲正財合印，己透甲藏富貴不完，二壬奪標支會財，己出無甲合功比張良，財會支富比石崇，壬己透冠蓋雲集。

本造恭請祖師聖示以《大衍之數》相呼應得：六八六八八八（2坤）

上六：龍戰於野，其血玄黃。《象》曰：龍戰於野，其道窮也。

※有捨才有得，多做少說，不得不失。

楠評註：辛金寅月，己壬。寅月甲木得祿，丙火長生，忌甲木透干絆羈用神，丙火如出干亦不喜與辛並位，己壬有透忌甲木貪合，土不宜多，土多埋金之嫌，支會財富比陶朱。

辛日寅月－一七〇坤

甲午
丙寅
日主　辛亥
戊子

正月辛金柱無己壬不是佳造，六陰朝陽，火運不吉，己壬缺一，勞祿奔波，己印勝戊，戊有埋金之憂，辛亥日主曰孤鸞，食神時支來相逢，子息必旺益父母，財運相逢夫發跡，己壬均藏支天干不透，事倍功半，官並位合，代夫出征，辛金寅月財官旺，大運不須喜逆行，若是無財行順運，中年唯恐非不宜。

本造恭請祖師聖示以《大衍之數》相呼應得：八九八六八八（8比）

九五：顯比，王用三驅，失前禽，邑人不誡，吉。

《象》曰：顯比之吉，位正中也。捨逆取順，失前禽也。邑人不誡，上使中也。

※誠實守信，以德服人，造福人群福報更好。

楠評註：辛金寅月，己壬。四柱透甲為忌神，合己謂喜被合，專用亥宮壬水司令，時透戊有埋金制壬水之憂，木運來臨可發尊榮，坤命辛亥日主謂孤鸞，事倍功半。

辛日卯月－一七一乾

壬辰

癸卯

日主 辛酉

庚寅

辛金二月陽氣散發於外，壬水為主戊己土為病，戊己透干須甲木制，辛金不被埋，用神則清，壬水不被混濁高雅清秀，辛金氣衰於卯月，身弱不得用印以庚為助，壬洩為上上之格，金水食傷成格忌印破，金水傷官聰明見印反愚儒，因土重埋金又濁壬，辛金卯月如有殺，坐支有土更為奇，順運逆運名多顯，若到西方反不宜。

本造恭請祖師聖示以《大衍之數》相呼應得：八九八八九七（60節）

九五：甘節，吉，往有尚。《象》曰：甘節之吉，居位中也。

※安份守己，人和得居。

楠評註：辛日卯月，取壬。地支會財，戊己土為病，壬癸相逢號食傷，二月陽氣散於外，戊己透干須見甲，壬水不被混濁高雅斯文，財格則用庚劫財相助。

辛日卯月－一七二坤

庚辰

己卯

日主 辛未

甲午

辛日卯月不宜用常法，（財官印）財旺用庚劫財，見官須有壬傷官出天干，若入財格則須劫財出干，財官格有印也無濟於事，財官印全柱無傷官出干，不是吉兆，戊己土透干，無甲木既是有病無藥，有壬傷官透出無剋制，大成之造，干透己土用甲制，支會財局用庚扶，壬運申年亥重見，壯志凌雲想當年。

本造恭請祖師聖示以《大衍之數》相呼應得：八六七九九八（32恆）

恆：亨，無咎，利貞，利有攸往。《象》曰：雷風，恆。君子以立不易方。

※夫婦之道互相尊重，持之以恆，長久之計，逢時則為。

楠評註：辛日卯月獨用壬，辛金至卯月雖為絕地，仍須用壬傷官，不用財官印，戊己為印成格膽怯，優柔寡斷，己土有出干，有甲木制合，有病得藥，不見壬水平凡之造。

辛日辰月－一七三乾

癸巳
丙辰
日主 辛丑
甲午

三月戊土司令辛承正氣，月垣正印秉令濕土相生，壬水為先，辰為東方之土，木之衰，支見寅卯辰論木，無寅則論土，忌丙辛並位合，如二丙透干則成為爭合，只屬凡人但斯文清雅瀟灑之人，如干透癸水破丙尚有衣衿，但支成申子辰或亥子丑水局，才華洋溢，戊土出破癸再得甲有病得藥，富中取貴，壬甲有透賀客盈門，甲壬全無寒窗悲鳴，透甲藏壬文學並茂，柱無壬癸青燈伴佛。

本造恭請祖師聖示以《大衍之數》相呼應得：八八七六九八（40解）

六三：負且乘，致寇至，貞吝。《象》曰：負且乘，亦可醜也。自我致戎，又誰咎也。

※終身學習，修身養性。

楠評註：辛金辰月，壬。忌丙火合日主，柱無壬用癸格局不純。三月雖戊土司權仍為濕土相生，癸水剋丙火尚有衣食。支逢水局文章馳名，干有甲癸文學並茂，忌土運。

辛日辰月－一七四乾

壬申

甲辰

日主 辛亥
辛卯

三月辛金防土晦塞，甲為輔，壬為正用，壬甲兩透富貴之命，壬透甲藏，藏支則破土不力，卻有稟貢之貴，甲透，壬藏申亥，與壬透相提並論，八字火重曰雜亂甲出亦不妙，定為僧道孤貧見癸可解其憂，三月辛金須壬水，正以陽氣舒伸四柱火多無水，比劫重重主夭甲出則貴，無庚制甲方妙，辛金生於辰月中，有財有殺更和同，順行逆運多通達，富貴榮華福壽崇。

本造恭請祖師聖示以《大衍之數》相呼應得：八六九八八六（16豫之3屯）屯：元亨利貞，勿用有攸往，利建候。《象》曰：雲雷，屯。君子以經綸。

※充實準備，一舉成名。

楠評註：辛金辰月，壬。三月戊土秉令，甲出干有助之功，壬甲雙透成格，富貴之造，四柱缺火，支成火局須見癸，比劫重見不吉，甲出干則貴，支成財局須庚劫財相救。

辛日巳月－一七五乾

壬辰

乙巳

日主 辛酉

甲午

辛金孟夏丙火得祿已盛，不喜丙火透天夏季土厚，有水則潤土有功辛金自旺，無水則乾涸土盛金不靈，支成金局透土富貴可期，功名可取故辛喜庚壬，甲木破戊土衣食不缺，丑土濕溫最妙轉弱為強，壬水出干無破富貴之造，壬透無沖主挾貴，支逢金局又透壬，江山萬里馬嘶鳴，時有甲木富中求。

本造恭請祖師聖示以《大衍之數》相呼應得：六八八八六八（2坤）

上六：龍戰於野，其血玄黃。《象》曰：龍戰於野，其道窮也。

※保持低調，不爭有福。

楠評註：辛日四月，壬癸庚。四月辛金，孟夏火得令，土盛，壬水出干氣清澈，不喜丙火出干合日主，支多合金如金水傷官格局清，透水則貴。印格不宜，戊己土為印，有埋金之嫌。

辛日巳月－一七六坤

丙申
癸巳
日主 辛卯
壬辰

四月辛金用丙官在年，時柱透壬，干透壬癸無刑沖，貴如凌煙閣二十四功臣，支有壬癸無土制千里昭榮，透火無水寂寞嘆無兒，如有土得甲制，修法做神仙，辛金生巳水重重，刑破官星水有功，申巳兩庚來作用，運行申酉樂雍榮。

本造恭請祖師聖示以《大衍之數》相呼應得：八八八七八七（36明夷）

明夷：利艱貞。《象》曰：明入地中，明夷。君子以蒞眾用晦而明。

※冰凍三尺非一日之寒，滴水穿石，非一日之功。

楠評註：辛日巳月，壬癸庚。年上透丙正官，壬癸相制，時上壬水無刑沖貴可求官，有火無水孤寂到老伴青燈，見土須有甲木制，壬水有根貴如劉邦得張良。

辛日午月－一七七乾

庚辰
壬午
日主 辛丑
癸巳

五月丁火得令辛金極弱，不宜鍛鍊，宜己壬兼用，己為濕土，壬為湖海，辛無己不生無壬用癸亦可，但乏力耳，三四月戊土旺，不能生辛金，反而埋金為忌，己壬相輔有成生之功，支若成火壬癸同用有大材，戊透合癸合之情辛鍛熔一，二比肩不致孤獨，癸出不足取貴，壬出有救，功成名就，午月辛金殺當權，四柱根深逆順堅，若是為根堪棄命，如行西運大迍邅。

本造恭請祖師聖示以《大衍之數》相呼應得：八八七八八九（51雷）

初九：震來虩虩，後笑言啞啞，吉。

《象》曰：震來虩虩，恐致福也。笑言啞啞，後有則也。

※德行天下，光宗耀祖。

楠評註：辛金午月，壬己。辛金五月極弱，須己印相生，不宜丁火有合壬之醜，壬傷官乙洗金，金白水清，無壬可用癸但較乏力，四月丙戌得令乘旺，透干則須甲木，專用壬癸，午宮己土吉造。

辛日午月－一七八乾

癸未

戊午

日主　辛亥

丙申

干有戊土不見甲，壬水藏申亥，富大於貴，透癸逢戊合，土多見甲則貴，無甲則否，癸出通根申亥金水不致煎乾，辛金支會午未謂七殺，官殺有制，清雅文人，運不得再入官殺運，干有癸水支藏壬，支有己壬玉筍班，文言勛業金歐字，門生多清秀俊茂。

本造恭請祖師聖示以《大衍之數》相呼應得：八六八八七八（7師）

六五：田有禽，利執言，無咎。長子帥師，弟子輿尸，貞凶。

《象》曰：長子帥師，以中行也。弟子輿尸，使不當也。

※不在其位不謀其政，有權在位，用人唯才。

楠評註：辛金五月，壬己。年月雙合謂七煞，戊土有合癸之憂，專用申亥宮壬水，富多貴少，戊為病，甲為藥，忌入官殺運，官殺有制清閒雅士，干有癸水支藏壬，人才濟濟。

辛日未月－一七九乾

壬辰
丁未
日主 辛酉
甲午

六月己土司令，土出天干，謂滋扶太過，埋金不光，專用壬水為最庚金為佐，六月辛金有分大暑前後之別，壬庚兩透可言富貴支藏巳申，為得祿又逢生，可望功名，恩封有誌忌戊己土透干，逢之須甲出與己土隔位，貪合主貧，甲出又忌庚金制，有財有官氣象更新，透甲透壬名成富貴，丁甲不齊寒窗哀嘆，甲丁全無孤鶴鳴空。

本造恭請祖師聖示以《大衍之數》相呼應得：八八八八九八（7師）

九二：在師中吉，無咎。王三錫命。

《象》曰：在師中吉，承天寵也。王三錫命，懷萬邦也。

※德高望重，言出必行。

楠評註：辛日未月，壬庚甲。六月己土秉令，土出干有埋金之嫌，壬丁有合財不得地。甲壬齊透，氣象萬千。甲丁全無，空谷悲鳴，富中求貴之象。

辛日未月－一八〇乾

癸亥
己未
日主 辛卯
庚寅

三夏辛金，壬癸水為關鍵，元局見土為印無木制印，既成埋金透出庚癸壬藏，四柱無壬既失真，支成木局有庚透發水源，則貴中求富，富中求貴，木局為財旺水潤土生金，身旺任財官之說，壬水通根於亥支大富之造，辛金未月殺印全，印多反而有虧偏，逆行水運多通達，初年順運略不然。

本造恭請祖師聖示以《大衍之數》相呼應得：八八八九九八（46升）

九三：升虛邑。《象》曰：升虛邑，無所疑也。

※終身學習，百尺竿頭，相同環境，抉擇不一。

楠評註：辛日未月，壬庚甲。支會財見庚發水源，亥宮壬水得祿，庚洩土氣富中取貴。印旺柱中總有偏，入金水運多發達，癸水潤土生金，大富之象。

辛日申月－一八一乾

甲申
壬申
日主 辛亥
丁酉

七月辛金庚金秉令，申支壬水長生四柱不見戊，支無寅巳，戊土不旺，唯申中戊土為壬水堤岸，合此顯達清廉貴而不富，申宮庚金得祿氣轉旺，與藤蘿繫甲同意，忌戊土透干阻水出戊須甲木，否則不靈有病無藥凡人耳，有戊又透甲主衣祿豐，水不宜多庚透用壬洩，辛金申月金水清，傷官有殺最相宜，支有亥酉方為妙，運入東南顯姓名。

本造恭請祖師聖示以《大衍之數》相呼應得：九八八九八八（52艮）
上九：敦艮，吉。《象》曰：敦艮之吉，以厚終也。
※以德服人，萬民一心。敦厚篤實，德高望重。
楠評註：辛日申月專用壬甲，忌己土，四柱干如透出己土用甲制合，七月庚金得令，壬透成格，不見戊，名成大貴，透戊逢甲號還魂，有病得藥謂衣祿豐榮，運入東南地名揚四海。

辛日申月－一八二坤

丁亥
戊申
日主 辛卯
癸巳

月干透戊土無甲木制，米缸弄陋，時支有巳戊為旺，壬水傷官藏支於申亥，乃得生得祿戊土出全盤輸，干頭戊己土重重，內心玲瓏難發越，辛日喜丙而不並位，殺印相生格還真，戊無甲制亦枉然，殺多堅佞性剛偏，混入官星禮儀邦，頑石豈能有變化，依然心來向豺狼，印綬財官月建申，北方回喜福還真，水清金旺多生貴，大限來時最怕寅。

本造恭請祖師聖示以《大衍之數》相呼應得：七九八八六七（42益）

九五：有孚惠心，勿問元吉，有孚惠我德。

《象》曰：有孚惠心，勿問之矣。惠我德，大得志也。

※善心求佛，終得神助。

楠評註：辛日申月，取用壬甲，干有戊土甲木藏支乏力破戊，有苦難言，難有大成就，辛金喜官不喜殺，丁火有合壬之隱，年上七煞性剛烈，金水二局則不忌庚金。

辛日酉月－一八三乾

丁卯
己酉

日主 辛亥
壬辰

年月殺印相生專用時上壬水，己不濁壬，丁壬不合取貴之造，用壬水甲運疏土水得流沙為妙，土重有埋金之嫌，透甲不忌土，支成金局，從革也，透壬無火見甲庚官拜朝堂，見丁，蠅頭小利。透戊疊戊重比肩，身沐風雨見甲白手成家，透壬疊辛才貫長安，巳丑會局，名重京城，辛日酉月日干強，財殺相逢更異常，逆運到頭多發達，順行水地未為艮。

本造恭請祖師聖示以《大衍之數》相呼應得：八六八八八六（2坤）

六五：黃裳，元吉。《象》曰：黃裳元吉，文在中也。

※修身養性，眾望所歸。

楠評註：辛金酉月用壬甲，己土月提出干無甲木制，丁年壬時不相合，壬水時柱透出成格，經商有成白手成家，透壬無剋可以取貴。

辛日酉月－一八四坤

乙丑
乙酉
日主 辛巳
甲午

辛生酉月喜支成金局，時上一點火神金氣還勝，行午運功成名就飛煌騰達，孤丁藏支商人，乙木雙透無壬身強用財，酉金當旺不足相剋，以壬為貴，甲木破土多才多藝，如丁火有透藏丙名利雙收，辛金坐酉旺順行，火煉真金大異常，金旺火輕宜火運，少年早折桂枝香。

本造恭請祖師聖示以《大衍之數》相呼應得：八九七八八八（45萃）

九五：萃有位，無咎，匪孚，元永貞，悔亡。《象》曰：萃有位，志未光也。

※待人誠懇，萬眾仰望，雖有不足，勤能補拙。

楠評註：辛金酉月，壬甲。支合金局日得祿，四柱無壬水，辛金局旺用壬水洩秀聰明，時柱午宮丁火制金，成功商人，火運煉金有成之年，夫星為丙丁火運成婚之年。

辛日戌月－一八五乾

癸亥
壬戌
日主 辛巳
甲午

專用壬甲，雙透無礙，才如蘇東波，帝闕談經，干透甲木藏戊壬，龍門獻策，才高八斗，入丁七殺格，無效。入墓之格，四柱無水不論凶兆凡人耳，戌月辛金殺印全，柱中有制福無邊，逆行順運俱無阻，巳地相逢總不然。

本造恭請祖師聖示以《大衍之數》相呼應得：九六七六八八（35晉）

晉：康候用錫馬藩庶，晝日三接。《象》曰：明出地上，晉。君子以自昭明德。

※終身學習受用無窮，堅守正道不做他想。

楠評註：辛日戌月取壬甲，壬癸有透，逢甲，學富五車，滿腹文章，如李白談詩，丁運乃入墓之運，無功而返，印不透干格局明，順逆上運均相宜。

辛日戌月－一八六乾

丙戌
戊戌
日主　辛未
壬辰

辛日戌月身坐全土局，喜甲木，原造缺甲木，土厚而金埋沒，甲透天干，可制地支四個戊土，行北方庚子，辛丑金土氣滯，後行寅卯甲乙運破土，生官殺，官運亨通，壬傷官逢戊制屢遭不順，土厚重重去埋金，官殺哪勘洩氣深，最喜運行財旺地，聲華不日振儒林。

本造恭請祖師聖示以《大衍之數》相呼應得：九七九七七八（44姤）

上九：姤其角，吝，無咎。《象》曰：姤其角，上窮吝也。

※天壤之別，事難願違。

楠評註：辛金九月用壬甲，四柱支坐四庫不透甲，土重埋金一定要甲，本造缺甲，時柱透壬，丙辛如有合支逢辰則吉，月柱戊戌為厚土有制壬之嫌，平常命造，甲運發跡。

辛日亥月－一八七乾

甲申
乙亥
日主 辛丑
壬辰

十月時值小陽春寒氣未盛，先用壬水次取丙火溫金暖土，得壬金白水清用丙水暖金溫，書云：金水傷官壬丙兩透，功成名就辛金有壬水丙火，可得科甲富貴無疑，丙透壬藏支有衣衿，異途馳名，壬透丙藏，富大貴小丙壬藏支學者，本忌戊土傷官太多反喜戊，喜得丙火相助，辛金亥月若無官，水冷應知金太寒，若有官星猶有殺，定應名姓到金鑾。

本造恭請祖師聖示以《大衍之數》相呼應得：八六八九七九（11泰之29坎）

坎：習坎，有孚維心亨，行有尚。《象》曰：水洊至，習坎。君子以常德行，習教事。

※物不可以終過，過與不及，行中庸之道，學無止境，運到現功名。

楠評註：辛日亥月，壬丙。支有辰丑為土，透甲顯達，十月氣已寒，用壬洗金為金清水白，丙火溫金暖土，柱透壬丙富貴之造，傷官生財者吉祥。

辛日亥月－一八八坤

壬午

辛亥

日主　辛未

丙申

專用雙透丙壬，賀客盈門，壬透丙藏陳倉常盈，戊壬同透豐衣足食，有戊無壬，四海飄零，亥月最愛沙水清，辛金珠土性虛靈，成就不勞延火鍛，滋扶偏愛濕生泥，水多，火旺宜西北水冷金寒要丙丁，坐祿通根生旺地，何愁厚土沒成形，五湖歸聚原成象，三合羈留正有心，欲識乾坤和暖處，既從艮震巽離尋。

本造恭請祖師聖示以《大衍之數》相呼應得：九八八八八八（23剝）

剝：碩果不食，君子得輿，小人剝盧。

《象》曰：君子得輿，民所載也。小人剝廬，終不可用也。

※審慎評估，時勢造英雄。

楠評註：辛日孟冬取壬丙，先壬後丙，年傷官為正用，次用時柱丙火，支會財，格取成，傷官生財用官星，大吉之造，秉性聰明滿腹文章，甲運功成名就。

辛日子月－一八九乾

甲申
丙子

日主　辛亥
壬辰

首選丙、戊、壬，丙壬雙透富貴可考，癸不透干，功名可求，如透癸水，寒窗悲鳴，冬金一丙暖金壬水洗白，支會水局自然所求，戊癸絕跡出丙壬春闈題名，若見戊癸便成春夢之啼，戊甲丙顯多壬水功成名就，丙壬全無又出癸三秋之悲，辛金傷官申子辰，傷官傷盡喜財神，東南順運淘淘好，背祿行來仔細尋。

本造恭請祖師聖示以《大衍之數》相呼應得：七九八八六八（20觀）

九五：觀我生，君子無咎。《象》曰：觀我生，觀民也。

※表現優異，得到上級提拔。

楠評註：辛日子月首選丙戊壬，四柱會水局為傷官透壬，大吉，用壬甲傷官生財丙暖辛，子月癸水司令，不喜透癸，壞了格局，戊運事業有成。

辛日子月－一九〇坤

庚辰
戊子
日主　辛卯
癸巳

癸透壞戊無壬，丙不透，子月專用丙火暖金，丙火藏巳又癸蓋頭是忌神，鵑啼暮樹之悲，春夢哀嘆，如成金水番成局，火土又來禍難當，水歸冬旺樂無憂，透用財官富九州，逆順不分還富貴，提綱刑剋事多休，子月辛金要丙丁，若然無火亦平平，運行木火多通達，財殺多時喜逆行。

本造恭請祖師聖示以《大衍之數》相呼應得：八八八八八八（2坤）

坤：元亨，利牝馬之貞，君子有攸往，先迷後得主。利西南得朋，東北喪朋，安貞吉。

《象》曰：君子以厚德載物。

※克苦耐勞終有成就，讀書、唸經、積德助運。

楠評註：辛日仲冬丙壬戊，干透癸水合戊土，無壬丙藏巳。癸水為忌神，財官有透貴不可言，丁運不及丙運佳，巳運、亥運也吉祥。

辛日丑月－一九一乾

丙寅
辛丑
日主 辛未
壬辰

三冬辛金丙壬不離，十二月調候為先，丙壬雙透權至三公之貴，透丙藏壬，有能之士。丙壬全無，凡人而已。加一癸透干僧道孤貧，壬透丙藏商賈貿易之人，透壬無火，清貴儒士。丑月辛金宜有火，戊己重重亦不妨，無火土多防病體，縱然不夭也平常。

本造恭請祖師聖示以《大衍之數》相呼應得：八七七七八七（49革）

革：已日乃孚，元亨利貞，悔亡。《象》曰：澤中有火，革。君子以制曆明時。

※大亨以正，革而富，順乎天。大道之行天下為公，重責大任，去故革新。

楠評註：辛日丑月用丙壬，三冬辛金不離丙壬，氣候天寒地凍，先丙暖金，候壬洗白，丙壬雙透無刑剋富貴之造，有壬無丙高雅清貴，透癸無戊制，奔波到老。

辛日丑月－一九二坤

壬子
癸丑
日主 辛亥
甲午

干透壬癸，支會水局，柱無丙無戊金冷水寒，先苦後甘會水無用之局，若在日時多水木，直需行人巽離鄉，最愛陽和沙水清，不勞炎火煉，滋扶偏愛濕泯生，金冷水寒要丙丁，坐祿通根身旺地，何愁厚土沒其形，隆冬建丑怯冰霜，誰識天時轉二陽，暖生誠能生萬物，寒生難道水中藏。

本造恭請祖師聖示以《大衍之數》相呼應得：八八七八八八（16豫）

豫：利建候行師。《象》曰：雷出地奮，豫。先王以作樂崇德，殷薦之上帝以配祖考。

※有大而能謙，必豫故受之以豫。隨時做最好的準備，迎接每一次的挑戰，多用腦力，有備無患。

楠評註：辛日季冬用丙壬，支會水局又透癸，孤貧勞碌，無丙謂金寒水冷，不是佳造。火土運稍可轉為吉祥，先苦後甘，修身養性以逸待勞，養精蓄銳。

壬日寅月－一九三乾

丙子
庚寅
日主 壬戌
戊申

壬水生旺之時有沖奔之性，至孟春時，氣已衰退，呈散漫之象云壬不離丙戊，然春夏之期無庚金發源，涸竭之虞取庚金相生，次用丙火除寒氣而暖，戊土止其流庚丙戊次序有分，得庚丙戊全透功名蓋世，桃浪之客，有庚戊藏丙，富貴可取，一庚透無剋，衣衿不少，寅月壬水無刃比不用戊，專用庚，丙為佐亦是貴格，壬水傷官怕木浮，見官見沙反為仇，再行財旺生官地，財祿無虧得到頭。

本造恭請祖師聖示以《大衍之數》相呼應得：九九七七七九（1乾之32恆）恆：亨，無咎，利貞，利有攸往。《象》曰：雷風，恆。君子以立不易方。

※金字招牌，永續發展。

楠評註：壬日寅月，庚丙戊。壬水年丙子謂年上陽刃用戊制，寅月壬水，衰竭以庚金相生，庚丙戊三干齊透貴不可言，名揚四海，一庚透即可取富，財官印全大吉之造。

壬日寅月－一九四坤

丁亥
壬寅
日主 壬戌
癸卯

身強用財，多合之造，無事一身忙，多是非，喜用戊，癸透合丁制庚，喜忌神被合化食傷生財，女命食傷成局損夫星，水木二局，無事不可商，支成火局謂水火既濟，惜身不逢時，用神被合制，論為常人，壬水如逢寅月生，食神相左亦相應，南方運來增財帛，有殺終當播姓名。

本造恭請祖師聖示以《大衍之數》相呼應得：七八九九七七（14大有）九四：匪其彭，無咎。《象》曰：匪其彭，無咎。明辨晢也。

※踏實耕耘，享碩成果。

楠評註：壬日寅月，庚丙戊。壬戌、壬寅拱火局身強用財，丁壬有合，化合得令。喜用戊土，時上透癸合去用神，食傷生財事業有成，不利夫星，恐婚姻有礙。

壬日卯月－一九五乾

辛酉

辛卯

日主　壬辰
戊申

二月壬水戊辛正用，忌甲丁出干合制破壞，不透甲丁，不失衣衿，即使戊辛藏支不透，亦不失一分能人，無辛用庚取代不失富貴，庚透天干支會木大富之造，二月寒氣已除不可用火，水木傷官木衰水旺，不宜缺印，有戊透兼取富貴，庚藏異途功名，病重藥亦重大富之造，壬逢卯月似傷官，逆運不如順運高，殺透更加身旺處，功名富貴壽稱好。

本造恭請祖師聖示以《大衍之數》相呼應得：六九八九八八（39蹇）

蹇：利西南，不利東北，利見大人，貞吉。

《象》曰：山上有水，蹇。君子以反身修德。

楠評註：壬水卯月，戊辛為正用之神，甲丁為忌神，有合戊壬之嫌，四柱戊辛兩透格之有成之造，甲丁不透，即使無喜用亦衣食不缺，無辛用庚亦不失富貴。

壬日卯月－一九六乾

癸未
乙卯
日主 壬辰
辛亥

戊辛齊透，功名利祿，透戊藏辛，壯志能酬，透辛支會木家財萬貫，如透庚會木才思敏捷，透木多火無壬水鏡花難折，有壬並干逢比劫月桂可栽，禍見六沖應落葉，喜逢三合便成林，若歸時日秋金重，更向西行患不禁，卯木繁華氣稟深，仲春難道不嫌金，庚辛再疊見申酉，亥子重來忌癸壬。

本造恭請祖師聖示以《大衍之數》相呼應得：六七七八九七（58兌）

上六：引兑。《象》曰：上六引兑，未光也。

※關懷他人，獲得擁護。

楠評註：壬水仲春，戊辛。支會木局食傷成格，家財萬貫，專用辛正印，無辛用庚智慧過人，年透癸水合去用神，事倍功半。有癸出干不喜入水運，比劫未宮丁火化合成傷官，火運發財。

壬日辰月－一九七乾

壬寅
甲辰
日主 壬辰
庚戌

辰月戊土司權有塞河之患，故先取甲木疏季土，次取庚金發水源，辰月雖壬之墓地，戊土乘旺，無形既有雍塞甲為首次用庚，透甲見癸聲名中外，透甲見庚白居易雁塔題名，支藏甲天干無木腰纏萬貫，柱有甲庚不剋破眾人之首，八字無甲，行如盜拓。四柱無庚，迂腐至極。辰當三月水濕泥，長養勘培萬物根，雖是甲衰乙餘氣，縱然壬墓癸還魂。

本造恭請祖師聖示以《大衍之數》相呼應得：八八六八六八（2坤）

六四：括囊，無咎，無譽。《象》曰：括囊無咎，慎不害也。

※謹言慎行，修德操守，有所得而不炫耀。

楠評註：壬水辰月，甲庚。三月戊土秉令，用甲疏土，壬水辰月極弱，用庚金生水源，壬日支多見辰為壬騎龍背，甲庚全透不見己折桂之郎，甲庚有出不見丁己，領導之貴。

壬日辰月－一九八坤

己丑

戊辰

日主　壬辰

丁未

四柱戌四庫，己為忌神，甲木不透制殺，煞重身輕，甲木食神為制殺之藥，病重無藥，終身有損，不見己土，可許富貴，支如戌寅卯辰木局需庚，用戊無庚需有丙火相輔，會水成潤下用戊，一理，四庫需甲木理同，壬水辰月衰竭支成火局，財重則需用印，劫幫身，壬水辰月殺星旺，戊己相逢殺更強，更需財星並印綬，不拘順逆亦相當。

本造恭請祖師聖示以《大衍之數》相呼應得：八九八七八七（63既濟）

九五：東鄰殺牛，不如西鄰之禴祭，實受其福。

《象》曰：東鄰殺牛，不如西鄰之時也。實受其福，吉大來也。

※三從四德，福慧雙修。

楠評註：壬水三月用甲庚，柱透丁己為制喜神之病，八字支全四庫，透甲為妙，煞重身輕無甲制，病同相如，甲木有透干，凶變吉之造，病重無藥，一身有損英名，多有變遷。

壬日巳月－一九九乾

庚辰

辛巳

日主 壬申

壬寅

四月丙火秉令司權，壬為火土所燥專用壬比劫助，次取辛金發源但丙辛忌合，春夏壬水已休咎用印制食，以扶身財旺身弱四月火旺，丙辛無法化水，丙透相合，失去相幫之神，壬辛兩透功名可取，無甲富家閒人，透癸辛甲裘輕馬肥公子哥，壬與辛透，斯文又瀟灑，出壬支有寅巳午，首朝北闕，千山萬水，壬水生逢四月天，財星官殺旺堂前，無根只怕初年失，若到中年福亦堅。

本造恭請祖師聖示以《大衍之數》相呼應得：九九七九七八（44姤）

姤：女壯，勿用取女。《象》曰：天下有風，姤。后以施命誥四方。

※唯德動天。

楠評註：壬水巳月用壬辛，四月丙火司令，用比肩正印相扶，丙辛不喜並位合（喜神被合），辛金正印偏去他方，壬水通印相連，斯文瀟灑，見辛又逢癸，賀客盈門。

壬日巳月－二〇〇坤

丙申

癸巳
日主 壬寅
丙午

四柱無辛支又沖刑，難成大器，富而有疾，丙戊為忌，如用庚亦孤，支寅巳為戊土旺，透一甲制土水不至煎乾，四柱多金逢長生弱轉強，畏火名利虛而不實，寅巳申三刑為土木交戰，支成水局，大富之造，三刑傳送翻無害，一沖登明便有傷，行到東南生發地，燒天炎焰不尋常。

本造恭請祖師聖示以《大衍之數》相呼應得：七八九八八八（35晉）

九四：晉如鼫鼠，貞厲。《象》曰：鼫鼠貞厲，位不當也。

※有志難伸，不慕名利，明哲保身。

楠評註：壬水四月取辛壬，丙火出干用癸制，火局相逢財豐富，支會三刑不利婚姻，成富則多疾，健康欠佳，巳宮庚金長生喜代丁，東南印發財之運。

壬日午月－二〇一乾

甲子
庚午
日主 壬申
癸卯

壬水午月極弱丁火得祿，取庚為主，癸水為輔，無庚不能發源無癸不能制丁，巳月丙戊得祿故取壬辛，午月丁火得令壬水有合之嫌，印綬相生為宜，巳月忌癸戊合午月用癸，喜用不被剋破合制總有大成，庚癸兩透，人中之龍，透庚壬有才謀權位，有庚無癸常人耳，支戌火局柱無金水不做從財，謂財多身弱，屋富人貧，木多有火無水，僧道之命，壬水午月財星旺，亥水相連更異常，若是無根多棄命，平生白手置田莊。

本造恭請祖師聖示以《大衍之數》相呼應得：七八九七八六（56旅）

九四：旅於處，得其資斧，我心不快。

《象》曰：旅於處，未得位也。得其資斧，心未快也。

※真才實學，不怕逆境。

楠評註：壬水午月用庚癸，壬水午月已入死墓絕之位，午宮丁火得祿有合壬之不喜，故用癸水制，取庚金發水源，喜用不被制合總有大成就，庚癸兩透不見戊，眾人之首才能出眾。

壬日午月－二〇二坤

戊子
戊午
日主　壬午
乙巳

戊土雙透，癸水被制合，幼年波濤遷移驛動奔波，火土多水不足無法任財，為財煞旺而身弱，子癸水逢午沖存時上乙巳，長生庚金為用庚不忌剋，五月宮中火正榮，高低貧賤兩分明，財官並用宜生旺，化殺欣逢要水平，五月炎炎火正升，六月氣逐一陰生，庚金失位身無用，己土歸恆祿有成。

本造恭請祖師聖示以《大衍之數》相呼應得：六八八八七八（7師）

上六：大君有命，開國承家，小人勿用。

《象》曰：大君有命，以正功也。小人勿用，必亂邦也。

※遵守清規，不可違禮。

楠評註：壬日五月癸庚雙用，戊土雙透為忌，合癸之憂。不透甲木制戊，難有大顯，專用巳宮長生庚金，煞得旺位年有刃，煞刃有制方顯榮，先苦後甘，癸庚運有成。

壬日未月－二〇三乾

甲申
辛未
日主 壬辰
庚子

六月己土司令，壬水甚弱，取辛金蓄源次用甲木制土，上下月喜用不同，大暑前五日同論印劫為首，大暑後金水進氣，己土有濁壬之忌故取甲木，無癸滋潤效用不顯，辛甲齊透，功名利祿可求，藏甲透辛衣食頗為豐富，藏辛透甲，異路功名可得，己土出天干需甲木救應，取辛金生壬水乃印之助，土燥木枯不得盡善盡美，庚壬有透，才高位低，壬出藏庚無傷才學兼備，壬水生逢季夏時，分明雜氣異為奇，順行逆轉皆通達，印地相逢總不宜。

本造恭請祖師聖示以《大衍之數》相呼應得：八七八九七九（5需）九三：需於泥，致寇至。《象》曰：需於泥，災在外也。自我致寇，敬慎不敗也。

※不爭名奪利，喜其自然更正。

楠評註：壬水未月用辛甲，柱透辛甲，不喜戊己成格，用辛喜甲木，庚金夏月乏力所以用辛正印，辛甲雙全可求功名，庚辛支藏上可取富，用庚逢壬有財無位。

壬日未月－二〇四乾

庚子
癸未
日主 壬寅
甲辰

庚甲兩透有別謂君臣有忠，無辛以庚代用，異途顯貴，辛甲雙透，公孫之策，甲透辛藏，祖逖聞雞起舞，無辛無甲，遼東白豚，透辛又逢壬賽如冀北名騮，櫪下騂騮空冀北，衣中犀凹冠炎送，無火怕水金水去，多寒偏愛丙丁來，用神喜忌當分曉，莫把圭璋做石猜。

本造恭請祖師聖示以《大衍之數》相呼應得：八七八八九九（60節）九二：不出門庭，凶。《象》曰：不出門庭凶，失時極也。

※行事須及時，莫失良機。

楠評註：壬水未月，辛甲為用，用庚甲透，事主而忠，無辛用庚異路功名，辛甲全無窮困潦倒，顏回窮居陋巷，庚金偏印生水衣食有靠，無財忌入水旺鄉。

壬日申月－二〇五乾

丁亥
戊申
日主 壬午
甲辰

壬水七月偏印得令弱變強，用財生殺為用，戊、丁，除天干戊出仍須辰戌支，申中戊土為不用之病，戊丁全透聲華比敲金夏玉，戊丁藏支英俊風檣陣馬，透戊逢甲一芹可採，戊多無甲三場無緣陣前失策，壬水生身為殺印，有財有用亦相當，運行南地強如壯，印地相逢命不長。

本造恭請祖師聖示以《大衍之數》相呼應得：八九八八八八（8比）

九五：顯比，王用三驅，失前禽，邑人不誡，吉。

《象》曰：顯比之吉，位正中也。捨順取逆，失前禽也。邑人不誡，上使中也。

※大公無私，德高而望眾。

楠評註：壬水申月取戊丁，用戊逢丁，財生煞，上格。戊土申月乃為病，用天干戊土成功之造，忌見癸劫合七煞，用比壬水相助，意氣風發英雄，七月壬水長生財殺多，宜行木食神運大吉。

壬日申月－二〇六坤

癸未
庚申
日主 壬戌
壬寅

滿盤金水，隨風漂流，印比相助任財星，戊丁並透為正用，癸為忌神合戊又傷丁，失堤防之用幼年奔波辛勞，火土運來臨發非常，晚年稍有福祿可求，甲藏寅支得祿八字若缺甲，一生奔波貧困到老，庚金制甲稍有富貴可求，壬日生申為殺印，有財有用亦相當，運行南地強如壯，印地相逢命不永。

本造恭請祖師聖示以《大衍之數》相呼應得：八七八八八八（8比）
比：吉，原筮，元永貞。無咎，不寧方來，後夫凶。
《象》曰：地上有水，比。先王以建萬國親諸候。
※擇善固執，當仁不讓。
楠評註：壬水七月，丁戊，財生七煞為上上之造，雙透壬癸有合丁戊之嫌，支會火局財旺，雖吉，少年奔波勞碌致富，土火運發財非常，晚年富中取貴。

壬日酉月－二〇七乾

甲申
癸酉
日主　壬辰
戊申

八月辛金得令金白水清，戊己土為病，混濁之物，見戊專用甲木制土破之，支見申亥資囊綽綽財萬貫，時透甲木經綸滿腹文章，透甲見壬金白水清科甲之人，甲透時柱為文星，逢庚常人，甲藏無庚亦有衣食，壬透見甲則改用戊土，得之富貴才能之士，無戊多壬終主窮困潦倒，用戊須火相佐財官格，壬水汪淨併百川，慢流天下總無邊，干支多聚成飄盪，火土重逢個本淵。

本造恭請祖師聖示以《大衍之數》相呼應得：八六八九八九（36明夷之8比）

比：吉，原筮，元永貞。無咎，不寧方來，後夫凶。

《象》曰：地上有水，比。先王以建萬國親諸侯。

※建立良好關係，減少禍患。

楠評註：壬水八月，甲庚。酉月辛金得祿，不透戊己土，金白水清，經綸滿腹。年上甲木，不忌戊己土，己土為病，見甲木為有病得藥，功名可求。壬日甲辰時稱文星，文才過於常人，金水旺不見戊貧窮。

壬日酉月－二〇八乾

戊寅
辛酉
日主 壬戌
辛亥

八月壬水，正用甲壬，柱不見甲透戊須有南方運，辛多壬水弱變強，格之變，柱見水泥應有用，運臨西北豈無情，假饒三合能堅銳，不比頑金夫煉成，水淺金多號體全之象，母旺子孤應助其子以全局，甲辰時為文星，飽學之士，壬水相逢八月九，分明印綬格當權，無官怕入財運鄉，有殺需應福亦堅。

本造恭請祖師聖示以《大衍之數》相呼應得：八八七七八八（62小過）

小過：亨，利貞，可小事，不可大事。飛鳥遺之音，宜下，不宜上，大吉。

《象》曰：山上有擂，小過。君子以行過乎恭，喪過乎哀，用過乎儉。

※權宜之計，隨順行事。

楠評註：壬水酉運用甲庚，干透戊辛為殺印相生，壬水八月正用甲食神，壬比肩扶日主，透戊干不見甲木南方運吉，辛多印生身，壬水弱變強，財運（丙丁）發財非常，再逢辛甲福萬千。

壬日戌月－二〇九乾

丙申
戊戌
日主 壬申
甲辰

九月戊土最旺，壬水冠帶之位，甲丙為先，戊土出干加一丙火，如一將當關，甲木出制戊，食神制殺，權高貴顯，支如逢子陽刃，又透戊，為煞刃均停官賽三卿，秋土虛寒土凍冰冷，得一丙火格靈活自然顯達，柱無丙戊獨困寒士，透丙逢壬，士林懷寶，煥乎器盡蟠騎生固詞社仙材，文壇飛將，胸有成竹，立就雲蒸霞蔚之篇，目無金牛群推虎繡龍鵰之技，九月河魁性最剛，漫雲於北物收藏，洪爐巨火能成就，鈍鐵頑金賴主張。

本造恭請祖師聖示以《大衍之數》相呼應得：六八六六九八（7師之56旅）〈旅．初六〉：旅瑣瑣，斯其所取災。《象》曰：旅瑣瑣，志窮災也。

※擇善固執，終受肯定。

楠評註：壬水戌月用甲丙，戌月戊土司令，干見丙戊甲出干食神制煞，大貴之象，冠蓋雲集。九月丁火入墓，用丙不用丁，戊甲雙透見丙火，位高權重。季秋土寒，丙火照暖，自然之象。

壬日戌月－二一〇坤

丙戌
戊戌
日主　壬子
乙巳

用丙用戊支得刃殺刃均停，身強用財，逢甲運發財萬緡，如干透辛甲支有癸，飽學之士，干透甲癸柱無破，礫鼠之吏曹柱有甲丙無辛，可學端木（子貢）理財，辛甲全無又無癸翁子負薪，朱買臣，字翁子，名傾中外孰不識荊聲震公卿，壬水生來值季秋，財多身弱忌身柔，財居大地俱通達，並木之鄉反不周。

本造恭請祖師聖示以《大衍之數》相呼應得：七八九七八七（30離）九四：突如其來如，焚如，死如，棄如。《象》曰：突如其來如，無所容也。

※剋洩交加，修身養性。

楠評註：壬水九月用甲丙，丙戊有透不見甲，煞刃均停，日雖有見刃日主強，專用戊七煞，丙偏財格之有成，辛運有成之士，甲運學術有成，但破夫星，財逢戌月四通八達，辛甲全無愁眉不展。

壬日亥月－二一一乾

庚寅
丁亥

日主　壬申
戊申

十月壬水得令有沖奔之勢，取戊為首，丙火為佐，戊庚兩透功名蓋世，如甲出制戊無庚相救反貧，戊藏無制或有戊庚無甲，不但富貴且多富多壽，壬辰日納音水甲辰時，勿以墓庫而論，月令得祿，水勢浩瀚需戊出干相制，故庚透制甲方言富貴，財滋弱煞不用食神，見食須有梟，書云：土止流水福壽全，用財滋煞福壽富貴之造，壬水亥堤為建祿，柱中有火運之東，南方運氣俱為美，若是無財亦不通。

本造恭請祖師聖示以《大衍之數》相呼應得：八八八九八九（36明夷）九三：明夷於南狩，得其大首，不可疾貞。《象》曰：南狩之志，乃大得也。

※受人之託，忠人之事。

楠評註：壬日亥月用戊丙，壬水十月有沖奔之勢，得戊以制，丙火相佐，用戊七煞又見丙火馳名海內外，庚戊有透功名可求，如甲出破戊無庚相救，反為貧窮之局，丁壬有合化為有情。

壬日亥月－二一二坤

壬子
辛亥
日主　壬戌
戊申

戊透又有庚，一箭雙鵰，戊庚全無又有甲孤鶴悲鳴，干透戊甲不見庚家徒四壁，水木生局亥日乾，財官印綬喜相連，喜水喜金嫌火土，運行只怕巳刑沖，丟卻詩書學九流，五湖四海度春秋，東遊大海西走川，南達平原北到關。

本造恭請祖師聖示以《大衍之數》相呼應得：八八八七九八（46升）九二：孚乃用禴，無咎。《象》曰：九二之孚，有喜也。

※受人點滴，泉湧以報。

楠評註：壬水亥月，戊丙。時上戊七煞為有為之人，月柱透辛見丙亦枉然，年上陽刃身強用煞，煞刃兩停，無戊有甲三餐不繼。沖堤大運奔九州，甲運成中有敗。

壬日子月－二一三乾

戊戌
甲子
日主 壬戌
丙午

壬日十一月陽刃強，勝十月得祿，先戊次丙佐，戊丙並透以財官用得其時，陽干用財乃偏財偏官，顯達，才德兼備位至三公之格，丙透戊缺權奇算以貿遷，支成水不見火常人耳，丙戊藏支解凍止流亦有功名，但須吉運相輔，運偏則否，支成火局富格身旺用財大富，陽刃重重氣有餘，歲月有木吐南枝，木衰貴而丙戊透，運到東南大有餘。

本造恭請祖師聖示以《大衍之數》相呼應得：八七八七八九（63既濟）

初九：曳其輪，濡其尾，無咎。《象》曰：曳其輪，義無咎也。

※有為有守，成就功業。

楠評註：壬水子月，戊丙。子月均為陽刃，喜財（丙）喜殺（戊），先戊後丙佐輔，水照汪洋，壬陽水，冬月有財有殺得用其時，財德雙全，四柱不見火常人耳，丙戊全透萬古流芳，運會戌火局大富之年。

壬日子月－二一四坤

己巳
丙子
日主 壬辰
戊申

支會陽刃時年煞官為混雜，身強用殺壬財官，專用丙戊解凍止流，如甲木出則壞戊反而不妙，丙戊雙透，可富可貴，雖然女流，仍為上造，支成水局戊透戊土大富，月支子水佔魁名，溪澗汪洋不盡情，壬日生逢子月天，無財無殺未周全，終身雖富亦漂流，縱到殺鄉還有情。

本造恭請祖師聖示以《大衍之數》相呼應得：九七六八八八（20觀）

上九：觀其生，君子無咎。《象》曰：觀其生，志未平也。

※多元化經營以避風險。

楠評註：壬水子月，戊丙。支會陽刃格逢丙戊，財生煞會刃，吉祥之造，坤造壬日干逢戊己為官煞混雜，婚姻不吉之象，專用丙解凍戊土止水狂奔，會水用戊土大富之造。

壬日丑月－二一五乾

甲寅

丁丑

日主 壬戌

丙午

無根金水不嫌凶，重行金水聲名顯，火土相逢破本宗，丙丁坐火財中殺，透丙逢辛易化合，用神被羈絆用神，逢辛又見丁金枝玉葉，不見癸出干有丙甲貴極高位，支有寅巳通根為妙，水土混雜必頑愚，水旺居垣需有智，壬癸路徑南方主健，壬水丑月喜財逢，財旺身強更妙哉，運氣順行徑水火，勘為萬事稱君懷。

本造恭請祖師聖示以《大衍之數》相呼應得：八八八七七八（46升）

升：元亨，用見大人，勿恤，南征吉。

《象》曰：地中生木，升。君子以順德，積小以高大。

※貴人在南方，掌握良機。

楠評註：壬水丑月用丙甲，壬丁有合化不得時，支會火局財祿豐，金水重逢顯名中，甲木透天配丙火，食神生財祿有功，辛運丁年富家豪傑。

壬日丑月－二一六坤

庚子
己丑
日主 壬寅
辛亥

壬水十二月上半月辛癸主事，先丙火解凍，下半月己土得祿甲為佐，丙甲兩全科甲可言，無丙則寒丙火藏亦為常人，四柱多壬戊透有制福壽雙全，見壬不見丙或支成金局，名曰：金水沉寒，寒到底，一世孤貧，木火解凍，奮發圖強，丙甲齊干，壯志凌雲，丙甲藏支，尚有衣衿，北人運在南方貿易可獲利，丑月初旬水有餘，日時類聚木神奇，木衰最喜東方運，一到金鄉便不宜。

本造恭請祖師聖示以《大衍之數》相呼應得：八七九八九八（47困）

九四：來徐徐，困於金車，吝，有終。

《象》曰：來徐徐，志在下也。雖不當位，有與也。

※不必氣餒，再接再厲。

楠評註：壬日丑月用丙甲，柱地支有聯珠之喜，地支三會陽刃身強喜財滋煞，食神制煞更妙。庚辛有透印太旺，喜丙火溫水，丙甲藏支衣食不缺。

癸日寅月－二一七乾

己亥
丙寅
日主　癸未
辛酉

正月癸水，三陽之候，雨露之精水極弱取辛發源，次用丙暖陽，曰陰陽調和，萬物重生用丙不得與辛並位，富貴可得癸見亥子如江河，有辛源源不絕丙為寅長生，三陽開泰之際配合得宜，富貴非常，支成火局，需透壬水解有壬富無壬貧，辛丙並位無刑仍有衣食，丙丁會火不見壬老寂傷悲，丙透辛藏，才舉賢書，艮宮之木建於春，氣聚三陽火在寅，志合虎豬三貴客，類同卯未一家人。

本造恭請祖師聖示以《大衍之數》相呼應得：八八六八八八（2坤）六四：括囊，無咎，無譽。《象》曰：括囊無咎，慎不害也。

※人若精彩，天自安排。

楠評註：癸日寅月用辛丙，正月癸水性極弱，用辛金發水源，丙火照暖。忌丙辛並位，地支見亥子有如江河，正月丙火長生為用配合得宜，生生不息，辛金相生源源不絕。支戌火局須有比劫相助得財所用，丙辛全透富貴可得。

癸日寅月－二一八乾

戊戌
甲寅
日主 癸亥
戊午

支戌火局透壬則富，無壬則貧，春月不透丙總是寒，丙辛藏干，透戊身弱，從殺從財均不宜無辛可用庚，會火無比劫相助癸水熬乾，殘疾，申子辰全成格局，寅午戌來偏中和，癸水傷官怕見官，最嫌戊己透天干，再行財旺生官地，世事勞形禍無端。

本造恭請祖師聖示以《大衍之數》相呼應得：八七八八八九（3屯）

初九：磐桓，利居貞，利建候。《象》曰：雖磐桓，志行正也。以貴下賤，大得民也。

※加強磨練，得到肯定。

楠評註：癸水正月取辛丙，支成火局無比劫恐有殘疾之憂，癸水會財忌官殺，雙透戊土支會財，財旺官不是高局，成功邊緣中小人破壞，丙火不透春水尚寒，無辛不生水，身弱用財透官，四柱為忌。

癸日卯月－二一九乾

辛酉

辛卯

日主 癸巳

庚申

二月癸水乙木司令洩精神，專用庚金為主辛為佐，癸至卯為死地，用金為破木而發水源，透庚忌與乙木並位之合，卯月丙丁以進氣，庚辛全透不見丁火破，雁塔提名，折桂之郎，四柱不見庚辛，畫餅充飢，庚辛藏支無刑沖剋破，直探鹿窟明珠，癸水生在卯月中，無官無殺喜相同，順行南地多清貴，恐入西方壽不永。

本造恭請祖師聖示以《大衍之數》相呼應得：八六八九七六（46升之60節）

節：亨，苦節不可貞。《象》曰：澤上有水，節。君子以制數度，議德行。

※物不可終離，故受之以節。命隨運轉，守節不虧。

楠評註：癸水二月用庚辛，卯月乙木司令洩其身，癸水死地，專用庚辛扶其身，有制木之功。有庚忌乙木透出合去精神，庚辛雙透不見丁破折桂之郎，無官無殺喜相連，丁火運有敗。

癸日卯月－一二二〇坤

壬辰
癸卯
日主 癸丑

甲寅

支成木局不見庚辛謂從兒，時有木出干洩水太過總不宜，窮困多災運入西方亦徒然，癸水二月傷官為體，木神太旺不能缺印，無庚用辛不必拘泥，若得庚辛得己丁做大貴論，二月陽氣舒伸無形丁己已進氣，自有丙丁不見丙丁可取貴，禍見六沖應落葉，喜逢三合便成林，癸生卯月論食神，不逢印梟不為真，會木無金論從兒，運逢西方不言吉。

本造恭請祖師聖示以《大衍之數》相呼應得：九八八七八七（22賁）

上九：白賁，無咎。《象》曰：白賁無咎，上得志也。

※清心寡慾，益者三友。

楠評註：癸水卯月用庚辛，支會木局謂傷官，時柱透甲見比劫，從而不從，木洩日元洩水太過，貧困多災健康欠佳，丑月辛金入墓不得扶身，干如有庚辛見丁火做大貴之格，丁戊運大吉之象。

癸日寅月－二三一乾

丙申
壬辰
日主　癸丑
辛酉

癸水三月有清明穀雨之分，清明後火氣未盛用丙火，名曰；陰陽承藹，穀雨後雖用丙火須辛相佐，富貴之造，次看何神高透，無傷有傷可定科甲高低，丙火不可少尚須庚金發水源，用神無傷定是富貴中人，三月壬水入墓癸水起死回生，用丙不可與辛並位陰陽和諧，如透辛逢丁，須壬水相救，否則取富不取貴，辛丙壬齊在清明，才望如雲蒸霞蔚，癸辛兩透近穀雨，文章似虎繡隆鵰。

本造恭請祖師聖示以《大衍之數》相呼應得：八六九八八七（51震）

六五：震往來厲，億無喪有事。《象》曰：震往來厲，危行也。其事在中，大無喪也。

※凌雲壯志，小心駛得百年船。

楠評註：癸水三月用丙辛，丙辛雙透不見合，富貴之造，無合制喜神，富貴中人，學富五車門前車駟，透辛又逢丁，壬水相救，癸水三月有起死回生之意。

癸日辰月－一二二坤

甲戌
戊辰
日主　癸丑
丙辰

癸水辰月喜逢財雜氣格美哉，若是無根身太弱，順行南運必多災，支坐四庫透甲貴中求，無甲僧道又孤貧，四庫為病甲為藥有病得藥，如支成木局全無金氣，為傷官生財有智之士衣衿，早年困苦，食神制殺，得化蓉祿，西方不順，辰當三月水濕泥，長養勘培萬物根，雖是甲衰乙餘氣，縱然壬墓癸還魂，四庫全備干透甲壯志顯達，三刑見沖柱無木老淚縱橫。

本造恭請祖師聖示以《大衍之數》相呼應得：六八八八八七（24復）

上六：迷復，凶，有災眚，用行師終有大敗，以其國君，凶。至於十年不克征。

《象》曰：迷復之凶，反君道也。

※不聽建言，終至失敗。

楠評註：癸水辰月專用丙辛，辰月戊土當令，戊透有合制之情，四柱支全四庫土局，官殺重，見甲木有病得藥，可許富中求貴，土重不見甲貧孤之造。專用甲、丙。

癸日巳月－一二二三乾

庚辰

辛巳

日主 癸亥

壬子

四月癸水已臨絕地，無印生扶無法自存，庚辛金癸之母，喜見辛金，無辛用庚亦可但不自然，四月火土兩旺辛金透干，不見丁午富貴極品，丁火藏支，只論常人貧困，見壬則否丁壬可解忌合，辛庚出干又見壬黃榜有名，透庚辛又逢丁麥飯度日，辛藏支不見丁胸懷大志，皆白玉，癸水巳月財更旺，官多不與殺相同，有根逆運多財足，順入西方便成災。

本造恭請祖師聖示以《大衍之數》相呼應得：八七八八八六（8比）

初六：有孚比之，無咎。有孚盈缶，終來有他吉。《象》曰：比之初六，有他吉也。

※天增歲月人增壽，春滿乾坤福滿門。

楠評註：癸水巳月，辛壬，干見辛壬格成之成，不見丁火制辛合壬，富貴極品，巳亥雖有沖，辛金不愛，庚辛雙透又逢壬，自然富貴。透金逢丁，平凡度日，只要不見丁火，胸中有大志。

癸日巳月－二三四乾

戊子

丁巳
日主　癸丑
壬戌

火土雜支無水病同相如，醫求扁鵲，干透壬庚無沖刑，無唾不成明珠，庚金生主終力微難免抱疾，癸壬制丁，衣食頗豐，惜有刑妻之嫌擇偶須身強吉，多火土無辛既有己土，不能缺水無比劫曰火土熬癸，損目有疾則無禍，巳宮雖有庚金火土旺不生水，干無庚辛須支有酉丑申，無金又無亥子損精，逢庚辛為絕處逢生，巳當初夏火增光，造化流行正六陽，失令庚金生賴母，得時戊土祿隨娘。

本造恭請祖師聖示以《大衍之數》相呼應得：八八九八八八（16豫）

九四：由豫，大有得，勿疑，朋盍簪。《象》曰：由豫，大有得，志大行也。

※眾志成城，團結一心。

楠評註：癸日四月用辛壬，取印、比劫為用，癸水巳月極弱，干透丁戊為忌神為病，伯言裝病弄孫權，四柱不能缺水，癸水見丁戊被熬乾，得目疾則無禍，甲壬運大吉。

癸日午月－二三五乾

庚辰
壬午
日主 癸巳
辛酉

癸水午月極弱丁火得祿，庚辛印本能茲養癸水，但庚辛不能與午中丁火抗衡，透比劫方能用庚辛，印劫用水制火護金能成上造，辛壬出干防與丙丁相見，化合為病，庚辛其透逢壬水文似東坡，庚辛干支水局才如班香，多金少石崇之富，透金透水，汾陽尊榮，五月炎炎火正升，六陽氣逐一陰生，庚金失位身無用，己土規垣祿有成。

本造恭請祖師聖示以《大衍之數》相呼應得：八九七七九九（43夬之62小過）

小過：亨，利貞，可小事，不可大事，飛鳥遺之音，不宜上，宜下，大吉。

《象》曰：山上有雷，小過。君子以行過乎恭，喪過乎哀，用過乎儉。

※言而有信，終成碩果。

楠評註：癸水午月，庚辛壬癸，午月丁火得祿，用庚辛金生癸水之用，透比節制火有功，印格逢比劫上上之造，文章顯赫，金多水少富比陶朱公，金水全透功蓋郭子儀。

癸日午月－二二六坤

丁未
丙午
日主 癸亥
庚申

午宮丁己並旺丁火洩氣己土，不得從財無金水可從財，見金水為格之變，謂日主有根，從而不從，無壬水相救，癸水必煎熬，主殘疾之身，用嫡母（正印）庚生水，逢丙丁庚金受傷故不貴，水源申也見子辰會局，身旺任財官，金水於夏，謂金水會局反弱為旺，支成火局不論炎上，無壬，僧道孤獨伴青燈，二壬一庚腰纏萬貫，癸水生來五月天，分明財殺格中間，無根運不行申地，西北休咎已變形。

本造恭請祖師聖示以《大衍之數》相呼應得：八八八七六八（15謙）

六二：鳴謙，貞吉。《象》曰：鳴謙貞吉，中心得也。

※為人正直，擁護者眾，海納百川，有容乃大。

楠評註：癸水五月，庚辛壬癸，庚辛有透豪門世家，丙丁齊透支合火，用庚金生水，無壬水相救，癸水必乾，多疾之身，不見庚印比劫可謂從財，干不見壬，柱有申亥，變格之貴，異途功名。

癸日未月－二二七乾

己卯

辛未

日主　癸亥

庚申

四季有上下半月之分，大暑之前庚辛無氣，大暑之後庚辛進氣，庚辛雖有透干卻忌火炎，故須比劫相助，能言富貴，云：大暑前忌丁火出干，丁火出干必要壬水相救，壬癸亥子運，富貴可考，庚辛出，重見丙丁蕊吐芬芳，庚辛出無比劫遇丁，三餐不繼，街頭乞食，未月陰深火漸衰，藏官藏印不藏財，近無卯亥形難變，遠帶刑沖庫亦開。

本造恭請祖師聖示以《大衍之數》相呼應得：六九六八八九（3屯之35晉）

〈晉・六二〉：晉如愁如，貞吉，受茲介福，於其王母。

《象》曰：受茲介福，以中正也。

※祖上庇蔭，大有所為。

楠評註：癸水未月，庚辛壬癸，支會木局謂傷官，正偏印為正用，干透庚辛不見丁可言富，丁火有透窮似白丁，三餐不繼，丁火相見用壬相救，水運富貴可言。

癸日未月－二二八坤

丁亥
丁未

日主　癸丑
乙卯

癸水傷官怕見官，最嫌戊己透天干，再行財旺生官地。世事勞神禍百端，支成水局又透干，傷官格局忌官殺。煞來相逢禍不輕，庚辛印來發非常，無火怕行金水去。多寒偏愛丙丁來，用神喜忌當分曉，莫把圭璋做石猜。癸水未月殺星強，有劫無官祿位昌，運入東方輕制伏，定看姓名列朝堂。

本造恭請祖師聖示以《大衍之數》相呼應得：八八六八八八（2坤）六四：括囊，無咎，無譽。《象》曰：括囊無咎，慎不害也。

※待機而動，有所作為。

楠評註：癸水未月，庚辛壬癸，支會木局傷官，雙透丁火也生財，傷官不利，官殺夫，費心勞神。會木洩癸水身太弱，用財有嫌。財煞旺，忌官殺運，金水運為吉，發財非常。

癸日申月－二二九乾

乙酉
甲申
日主　癸亥
丁巳

癸水死於申，申宮庚金得令，謂母旺子相，曰絕處逢生，故癸水申酉之地不死，庚金頑剛取丁火為用制旺金，五行之論木火為陽金水為陰，云；陽死陰生申宮壬水長生，丁火正用，甲木燃丁為佐，丁甲全透，鴻鵠之志，丁火支逢午名重駿馬，多金無丁鵠衣蔽體單衣簡食，干有丁火無甲助蝸角爭名，申金剛健月支逢，水土長生在此宮，巳午爐中成劍戟，子辰會局得光鋒。

本造恭請祖師聖示以《大衍之數》相呼應得：八七八六七九（60節）六三：不節若，則嗟若，無咎。《象》曰：不節之嗟，又誰咎也。

※有節制，有幸福。

楠評註：癸水申月用丁甲，七月庚金得令，母旺子相謂絕處逢生，癸水不死，中宮庚金頑強用丁火鍛鍊，甲木生丁火，格局之純，大志可現，有丁無甲相爭名奪利。

癸日申月－二三〇坤

己巳
壬申
日主 癸卯
庚申

申月正印怕逢寅，戊癸南方火炎高，滕光時上顯英豪，局中無水傷年月，獻賦龍門奪錦袍，中中多合無事一身忙，印綬財官月建申，北方回喜福還真，水清金旺多生貴，大限行來最怕寅，生巳己土透天星，財旺生天格本明，運入南方夫旺地，相夫教子步青雲，陰劫相扶身本強，夫星輕有病方為貴，夫子顯榮豈偶然，木多無火終能勝，土重埋金卻有凶，欲識用神何所以，溫柔珠玉不相同。

本造恭請祖師聖示以《大衍之數》相呼應得：六七八八八八（8比）
上六：比之無首，凶。《象》曰：比之無首，無所終也。
※言而無信，悔不當初，認清事實，任勞任怨。
楠評註：癸水申月取丁甲，用丁忌壬透干，用甲忌己，傷官生財大吉之造，忌透壬己，比劫透干見財也只是凡人，四柱缺丁，無丁任何格均不是高造。

癸日酉月－二三一乾

癸未
辛酉
日主　癸亥
丙辰

八月癸水酉月非頑金，金白水清之際，取辛母為用，丙火為佐，曰金暖水溫，忌丙辛並位，癸水清潤，辛金虛靈，相得益彰，丙火有調候之意，丙辛隔位齊透，科甲之準，丙透辛藏，衣衿豐食。丙辛忌化合，兩失其用，一透一藏為財印並用要訣，戊己太多塞水埋金，常人。見壬透則用官殺，丙透辛藏繡鐵燭於滕光，同透焦桐遇蔡邕而爆發，八月從魁已得名，羨他金白水流清，火多東去愁寅卯，木旺南行怕丙丁。

本造恭請祖師聖示以《大衍之數》相呼應得：八八九六九七（54歸妹）

歸妹：征凶，無攸利。《象》曰：澤上有雷，歸妹。君子以永終知敝。

※忍辱負重，委屈求全。

楠評註：癸水八月取辛丙，辛丙忌並位相合，癸水自清，癸日有月偏印成格，得丙相得益彰自然富貴。戊己透干成格為官煞格，不用印化煞用比劫扶身，丙辛相合失其功用，甲乙食傷生財用印制。

癸日酉月－一二三二坤

辛卯
丁酉

日主　癸丑
己未

辛金透被丁火制雖財官印全，然四柱全沖，癸水酉月印生身，有殺方為格局真，逆運需知強順運，功名富貴大超群，局中無水傷年月，獻賦龍門奪錦袍，有財帶印隨夫貴，淑善幽閒主饋中，財印身旺殺傷身，四柱全無倚靠神，柱中水泥應有用，運臨西北豈無情，假饒三合能堅銳，不比頑金夫煉成。

本造恭請祖師聖示以《大衍之數》相呼應得：八九八九八七（63既濟）

九五：東鄰殺牛，不如西鄰之禴祭，實受其福。

《象》曰：東鄰殺牛，不如西鄰之時也。實受其福，吉大來也。

※誠心受教，名利雙收。

楠評註：癸日酉月取辛丙，四柱財官印全，支全沖，辛金被丁火制失去效用，水運有救，時透七煞，壬癸運鴻運當頭，食傷格仍須用印為先，財印雙用。

癸日戌月－二三三乾

辛未
戊戌
日主 癸亥
甲寅

九月戌土司權癸水無根失時，專用辛金發水源，次癸甲，癸水生滋甲木制土之用，有辛乃有母木乃有根，干透辛甲支藏癸飽學之士，干透甲癸無破，吏曹。柱有甲癸無辛學端木理財，柱無甲癸辛，翁子負薪。辛甲全透支子癸可言科甲，甲癸齊透，富中取貴。有甲癸無辛，常人耳。三者全無，貧困之造。九月戌中藏火土，庚辛不忌日無根，格中若無財官印，運到南方富貴真。

本造恭請祖師聖示以《大衍之數》相呼應得：八八八九六九（36明夷之7師）師：丈人貞，無咎。《象》曰：地中有水，師。君子以容民畜眾。

※承襲祖德，福氣源源。

楠評註：癸水九月，辛甲癸，戌月癸水，財入墓庫格之不成，丙丁戊己透干均成忌神，九月戊土司權，癸水無根失時，專用辛金發水源，甲木制戊土之神，辛甲齊透才思敏捷，無辛凡人之格。

癸日寅月－一二三四坤

辛巳
戊戌
日主 癸丑
壬子

九月戊土太旺，辛金藏根於丑，時干見壬，文學浩瀚，戊土為病柱缺甲木，無病主才學，壽見癸辛，衣食頗豐戌月如逢癸日干，分明雜氣困財官，運行木火多財祿，逆運之年壽有干，海窟沖龍生雨露，山頭合虎動文章，地網雖是迷魂陣，火命逢之獨有傷。

本造恭請祖師聖示以《大衍之數》相呼應得：八六六八六七（24復）

復：亨，出入無疾，朋來無咎，反復其道，七日來復，利有攸往。

《象》曰：雷在地中，復。先王以至日閉關，商旅不行，後不省方。

※赤誠之心，感動群眾。

楠評註：癸水戌月，辛甲癸，柱無甲木，戊土透支又旺多病，有病無藥。專用年柱辛金，時柱子（癸水祿）衣食豐富，甲運特達，文學泉湧，火運發財，福祿壽齊，辛運經商有成。

癸日亥月－一二三五乾

壬申
辛亥
日主 癸酉
庚申

亥月癸水壬水旺秉令，氣候轉寒，須丙火調候，壬水出干須戊土制，忌支成木局，洩盡元神，書云：建祿生提喜財官透天，甲木見亥長生會木乃洩弱，須庚辛金發水源病藥之說，見寅午會局或巳午未，須取水相救，庚辛兩透，不見丁火傷，富貴極品，會火透丁須西方運，干透庚辛無破文呈班馬，會木透丁，名落孫山，多壬無戊，孤影如鴻，亥月癸水喜東南，來至東南發非常，大運愁逢金水地，再好西北壽難完。

本造恭請祖師聖示以《大衍之數》相呼應得：七八六八八六（52艮）六四：艮其身，無咎。《象》曰：艮其身，止諸躬也。

※修身養性，莫妄求功名。

楠評註：癸水亥月，丙壬，亥月壬水得令，氣候寒冷，用火溫水，劫財扶身，忌四柱無金，忌丁火，丁火有合壬之嫌，本造四柱無火，冰清水冷，木火土運吉。

癸日亥月－二三六坤

戊寅
癸亥

日主 癸丑 丙辰

登明之位水源深，雨水生寒值六陰，須待勝光方用土，不逢傳送浪多金，五湖歸聚原成象，三合羈留正有心，欲識乾坤和暖處，既從艮震巽離尋，女命歌財官印綬三般物，女命逢之必旺夫，不旺殺多無混雜，身強利伏有稱呼，女命傷官福不真，無財無印受孤貧，局中若見傷官透，必做堂前使喚人，癸日生來亥月中，傷官水木總相同，逆行最妙南方運，順走須知忌印凶。

本造恭請祖師聖示以《大衍之數》相呼應得：六八八八八七（24復）

上六：迷復凶，有災眚，用行師終有大敗，以國君凶，至於十年不克征。

《象》曰：迷復之凶，反君道也。

※以誠待人，免遭暗害。

楠評註：癸日亥月，丙壬，日月拱水局，干有戊大富之象，年月有雙合，傷官生財，專用丙火，勞碌致富，財官雙透不一般，傷官有成不利夫，火運顯富。

癸日子月－一三七乾

甲申
丙子
日主 癸丑
丙辰

癸水十一月天寒地凍，癸水得祿庚母死專用丙火，取暖解凍不致寒水變雪，次取辛金相扶丙辛不並位，科舉有榜，鳳毫映日，透丙無辛壬龍氣成雲，雲固弗靈於龍也乘鳳是氣，有辛無丙入水撈月，無辛無丙，對鏡尋花，調候為急丙火為尊，官殺印綬皆以印綬論，若逢午破應無定，縱遇印刑還有情，柱內申辰來會局，即成江海發濤聲。

本造恭請祖師聖示以《大衍之數》相呼應得：六六六八八六（坤之無妄）

六二：不耕獲，不菑畬，則利有攸往。《象》曰：不耕獲，未富也。

※向上提升，獲得支持。

楠評註：癸水子月，丙壬，子月庚金死，專用丙火，辛金相生，四柱支會水得祿，干透丙甲傷官生財，功名有成，智慧過人，富中取貴，子月調候為急，得丙不致孤寒。

癸日子月－一三八乾

戊寅
甲子
日主 癸巳
癸丑

一派壬癸過寒運行南東陽暖，若支水多行南東亦難挽救，支子丑水多見巳午未多沖，須丙丁出干方能除寒解凍，用財，富重貴輕，戊土過旺煞重身輕則貧，癸水至弱柱無壬水不得用戊，月令建祿難從殺，丙透，恩榮寵錫繞膝芝蘭，無火位重權高損資得貴，冬生癸水值子堤，財官重見最為奇，順行喜到東南運，逆走西方亦不宜。

本造恭請祖師聖示以《大衍之數》相呼應得：八七九八六八（萃）九四：大吉，無咎。《象》曰：大吉無咎，位不當也。

※安份守己，謹遵本份。

楠評註：癸日子月，丙壬。忌丁火喜丙暖洋，戊透甲有制，日時柱拱金局，專用寅巳宮丙火為用，印旺官有根，有富不貴，如丙火透干有支可取富貴。

癸日丑月－二三九乾

甲戌
丁丑
日主　癸巳
丙辰

癸水十二月落地成霜，萬物不能舒展，專用丙火解凍，隆冬無丙調候五行終不能用，二丙出干支藏壬或時干透壬，干不見丁火，富貴極品，如又見戊透奔波勞碌，癸水見壬出干輔陽光極貴，嚴冬一丙尚乏力支通寅巳，則丙火有根干透丙支逢寅巳，只忌丁壬合有丙無壬，解凍而已，不足論大貴之造，有壬無丙見戊有官必須財星，輔佐方能論貴，刑沖戌丑非無用，類聚犬蛇信有方，若在時日冬水木，直須行入巽離鄉。

本造恭請祖師聖示以《大衍之數》相呼應得：六八八六八八（坤）

上六：龍戰於野，其血玄黃。《象》曰：龍戰於野，其道窮也。

※為人正派，獲得肯定。

楠評註：癸水丑月，丙壬。十二月天寒地凍，季冬無丙則缺調候，必不能用。透丁和壬有嫌，丙透有根取富，無丙調候終無成就，壬丙兩透成格，可取富貴。

癸日丑月－二四〇坤

癸丑
乙丑
日主　癸巳
丙辰

丙透逢癸日雲霧有根，遮蔽陽光，即有丙透尚不知解凍，平常之造，或丙辛逢合，須有丁制辛，丙火太陽也，不忌壬水忌癸水不晴不雨，大寒之前單一丙力微，又見癸水其用失也，月垣冰結池塘見酉亦為寒冰，用神不被羈合尚有足用，支會金干透丁火雪夜燈光，科甲之造，無丁便成孤貧，丑宮己辛癸同宮透出即成佳造，癸水丑月為雜氣，無財無印不勘推，順行木火據為妙，逆運西北壽不永。

本造恭請祖師聖示以《大衍之數》相呼應得：八六七九六九（55豐之47困）

九四：來徐徐，困於金車，吝，有終。

《象》曰：來徐徐，志在下也。雖不當位，有與也。

※盡人事，待機而動。

楠評註：癸水丑月，丙壬，年透比重以時乙木洩，丙透時柱通巳有祿，事業尚有成就，富大貴小，木火運燈火通明，丙運日照江湖，成功之時財富兩全。

八字命理界前賢介紹

張楠：字神峯，明朝中醫師，著作《神峯通考》，專於五星正說與謬說，動靜說、總論子平謬說、男女合婚說、蓋頭說、六親說與病藥說。喜忌篇、繼善篇、仙機賦、萬金賦、金玉賦、妖祥賦、人元消息賦、地支賦、病源賦。

沈孝瞻：一七三九－一八〇〇，清乾隆進士。著作《子平真詮》，格局架構與成敗，有病無藥、有病得藥、無病無藥、用神喜忌、通關橋樑、干透與不透、喜神被制、解救與合洩。

任鐵樵：一七七三－一八四〇，子承父業，專業五術家。著作《補增滴天髓闡徽》：通神論（通關）體用、真神、濁氣、假神、剛柔、燥濕、顯隱、眾寡、六親說（從象、化象）出身、疾病、母象子象、歲運、合局、戰局。

袁樹珊：一八八一，清光緒，職業醫卜。著作《命理探源》、《滴天髓》，論格局高低、架構、成敗、用神論、病藥、橋樑、病藥、大運吉凶、九星合婚、命譜、易經、春秋繁露、三命通會、白虎通、琴堂五星、楓山集、太平御覽。

徐樂吾：一八八六—一九四九，職業命理師。著作《造化原鑰》、《滴天髓補注》。《造化原鑰》原名《余氏用神》。明朝年末遺落，至清・康熙年間尋獲，在余春台先生手中。認定余氏用神論，清徐樂吾氏篇為造化原鑰，內容專門細說用神喜忌與合剋、刑沖、病藥。《滴天髓》專談古人名人命運、形象、方局、八格、官殺、傷官、從化、順逆、體用、徵驗、婦孺女命章、小兒章。

韋千里：一九一一—一九八八，子承父業。著作《命學講義》、精選命理約言。內容：八字命理基礎、六神、行運篇、流年篇、富貴吉壽、貧賤夭凶、六壬祕笈。

巾箱本

「巾箱本」顧名思義以前說書或茶樓論命，由於攜帶方便以深藍色布當皮包用，又書本因印刷非常落伍，每一本書大部分以手抄為首選，又怕書本容易破舊，故以防水藍色油紙包裝，加以用繩線裝訂而成（統稱巾箱本）。

早年「巾箱本」是一種實務論命的私人筆記。如果以一種故弄玄虛的角度而言，就是俗稱手抄版的祕本。其實也沒有什麼祕密可言，無非手抄一次，就是今日再影印一次而已。今日的社會人文型態與清朝、民初，不同的差距非常遠，所以對於「巾箱本」一些合乎時代的補增，以能達到更傳神與真實。一種實用的座右銘，而刪掉一些浮文修飾，句句都是不增不減、不生不滅的良心話。

早年星相命理被視為江湖，文人對於命理又有興趣，研究兩年認為可以為人解命盤，以體用相。又自鳴清流的鬱悶，於是文士者多自卑自怨，不合世宜的心理作祟，若是落魄後就擺一個拆字攤，為人看手相、面相，加上社會經驗，混口飯吃是可以安度的。

外場與內場可以有否工作室的差別，如果連續三天沒客人上門，豈不是落魄江湖載酒行，因為能混上一個月以上的，多少是有收入的；另一種非但不是只謀三餐，而是另有謀略的。以命理館為據點，做為外場的用途，給自己討生活，也給學生用來學習（揣摩人性的真學問）。

有的門面用些女弟子，打扮適度性的風塵味，加一些正經、巧目盼之櫻桃口啟，招引些男性客人，這些人根本不會在意準不準，而是醉翁之意不在酒（吃豆腐）。

早期在廟內或廟口擺攤為人論命看相，江湖稱為「陰地」，這是一種香客因為寺廟中有供奉神佛，對於神佛的尊敬，加上自己需要算算命，問一問前程的連鎖心理，通常做「陰地」的同道，也只是賺些小錢而已。

在公共場合如茶樓、酒館，江湖統稱為「踏青」，通常在這論命者大都是老闆的朋友或股東。（踏青就是到處幫人論命看相）

客人上門一般都是自己覺得心裡有疑惑，或朋友介紹，順便看看相、問問前程。客人心情有些兩難，希望你說的跟他想的一樣。必須與客人建立焦點軌跡，才開始由格局、調候、喜忌，因此軌跡須協調實務論命。

另有一種，在攤位附近尋找到過路客，以面相氣色為主。看到面帶憂鬱，告訴他你三日內有凶；輕鬆歡頭喜面，告訴他你十日內有喜的奇遇。這種自搭式的拉客江湖稱「強中」，通常客人大都不會理會你。如果說中了，可能就真的「君子下馬問前程」。沒固定的論命者，稱為「內道」，有店面的論命相工作室，稱為「外道」。

內道與外道的差別

內道：譬如一位社會人士，往日喜歡看命卜相的書籍，有了一段時間，只印名片到處結緣，也幫人論命而潤金隨意。如子曰：自行束修以上，吾未嘗無悔焉。通常內道人是比較怕算不準的沉重壓力，在與客人對談表達吉凶禍福，言詞輕重無法拿捏，十個客人其中有一個算不準，心裡就會很懊悔。

內道人士在論命的時候，最容易犯的缺憾就是言詞含糊、模稜兩可，自己落入空洞，讓客人感覺好像跟沒說一樣。對客人說，學理上的名詞如火炎土煉、金寒水冷，這種瓶頸須看各人的經驗累積。對於這種內道人士，站在外道的立場應該寄予同情。外道與內道的共同點就是四柱、大運、喜用、神煞、流年、刑沖會合，所以論命時一定要加上望、聞、問、切。

內道人士往往自視學歷高，面對外道人士恥於下問，對於某種行業的玄有學歷，是一種不成文的規定與共識。一個讀完博士因感情受到創傷而出家，博士和尚與小時候即遁入空門出家和尚，所唸出來的往生咒、大悲咒、阿彌陀經，沒什麼不一樣。這是令人注意的廣告學，例如博士海產店或教授雞排，至於口味有否較好，那就見人見智了。

影子批命

我們在上課教學時，學生經常拿朋友或家人的四柱八字來討論，這就是「影子批命」。「影子批命」通常是由朋友或家人，帶來八字請你代批，這類型的批命有好幾種狀況：

1. 由父母帶來兒女的八字，大部分是問婚姻或事業。
2. 兒女帶來父母的八字，大都是問健康或已經住院準備開刀而問吉凶。
3. 八字的人太忙或是人在國外而準備投資新的事業，來問吉凶禍福。有時碰到請你批的八字已經批過好幾家，再多批一次看能否得到更滿意的答案與結論。

由於「影子批命」來賓舉手投足皆洩機，萬紫千紅總是春。

客人問：今年會結婚嗎？這種狀況通常已經有心儀的人了。外道人是擅長「行為心理學」，對答之時，絲絲入扣、琴瑟和鳴。

父母問：我兒子會坐牢嗎？如果你根據喜神被剋、支逢三刑、沖刑並見，算出來答：會坐牢！後來他兒子果然去坐牢，這當然很準，但你贏到的不是半仙，反而是烏鴉嘴。因為坐牢的準確已經脫離了軌跡，縱然是準也無可厚非。

什麼是「焦點軌跡」，須從「想算看相」的人基本心態說起，這種原因很多。處於人際的解體，當他處在離婚、事業失敗、四面楚歌、眾叛親離的狀況之下，這種論命準與不準是不大重要的，而是與你談話之後心裡舒服多了。

代罪羔羊，如果客人自己不好，例如賭博、貪小失大，只能說流年不利，犯小人即可。

客人問：做生意還是上班好？或是哪一種行業比較好？如此已經體會出客人的心態。真正的職業相士很少去茶樓論命，除非客人的交通不便而約在某個咖啡座。而大多數的業餘人士（內道），因原有自己的職業，行中不甚得意，而來見風轉舵，或工作上藉由星相命理，讓人有需要的感受，或者對錢的看法。故有生意就去茶樓算算斗數、排八字，沒生意就不去了。

這些新潮的「踏青」，我們不論他的功過好惡，我們所要確實瞭解是他們的心態，算命這行不用成本，自己又覺得命相師讓人評價不高，二者在心中的糾結，成為痛苦的矛盾。連續三天沒顧客上門，內心就整個癱瘓，毛病出於自我厭惡，至矯情百出。

跳出三界外，不在五行中。

有一種客人是故意刁難，大約是以前你幫他論過八字，事後並沒有應驗。有當面問你的，也有用電話質疑你的。譬如你對他說過四月會轉好，結果是客人並沒轉好，所以認為你算得不準。此時不和諧的氣氛，可以婉轉告訴客人，你的時辰一定不對，可以打電話給父母親問詳細的出生時辰。因為時辰的不正確，導致算出來的吉凶一定是不準，這是人盡皆知的事實；還可以補充，一定是陽宅出了問題，或是祖先的牌位與風水出問題。

與客人談話的技巧與藝術

命理、平面相，所有相都是相，命理與相這個名詞，在西方國家稱為心裡談話師。（psychologist）

兵法云：知己知彼，百戰百勝。由此可知，星相師很注意談話的技巧。西漢劉邦取得政權後曾說：「夫運籌帷幄之中，決戰於千里之外，吾不如子房。鎮國家，撫百姓，給餉饋、不絕糧道，吾不如蕭何。連百萬之軍，戰必勝、攻必取，吾不如韓信。此三者，皆人傑也，吾能用之，此吾所以取天下也。」由此可見劉邦亦非等閒之輩，領悟了用人之各有所長。

蜈蚣百足，行不如蛇；鼫鼠五技而窮，人更是無十全十美。人類形形色色亦屬正常，俗話說：「一樣米飼百樣人」。與客人對答又不能直來直往，只能帶著幾分藝術，故談話是非常重要的一環。

如果碰到客人一面再與你唱反調，你說一，他說二；你說是，他說不是。這種通常是給你批八字，但事後覺得不準，故意來刁難的。遇到這種狀況，我們可以用「白虎湯」。「白虎湯」就是死馬當活馬醫，也就是頂多這個客人的錢，我不想賺了的心態。告訴對方你的時辰一定不對，可尋問父母之後，有了準確時辰重算才會準，但不與客人抬槓，留得顏面日後好相見。

碰到客人一言不發，只告訴你四柱八字，其餘什麼事也不說，你說對了或不對了，這樣的論命者屬於較棘手的。如果論命者本身涉世未深，感覺上是很難應對，但無論如何我們都不能自亂陣腳，此刻只能對客人說你的時辰不對，因為八字如果正確，幼年必有大災難。這樣會有兩種結果；時辰沒錯，幼年也沒什麼災難。另一種時辰沒錯，幼年是受過災難的。也有客人較忠厚，說出我幼年喪父，算災難嗎？

女命特徵

※比肩根重，恐做填房。（渭涇篇）

比肩　甲寅　比肩
　　　丁卯　劫財
日主　甲辰
劫財　乙丑

※正印兼偏印，蘭階夜冷。（渭涇篇）

　　　癸卯
正印　乙卯　正印
日主　丙寅
偏印　甲午

※孤神坐印，做尼姑。（渭涇篇）

癸丑
正印　甲寅　孤神
日主　丁未
丁未

※三逢驛馬，母家荒涼。（渭涇篇）

丙申　驛馬
丙申　驛馬
日主　甲寅
丁卯

※女命帶三刑，主妨子。（渭涇篇）

甲寅

己巳　三刑
日主　甲申
庚午

※印格缺食神，有官殺亦孤。（渭涇篇）

正官　癸卯
正印　乙卯
日主　丙子
辛卯

※孤辰對沖，恐敗夫家。（渭涇篇）

甲寅
己巳
日主　癸亥

癸亥

※辛日卯時，子息遲而少。

甲寅
丙寅
日主　辛卯
辛卯

※年上傷官，帶疾生產。（婦人總訣）

傷官　戊寅
戊午
日主　丁未
丁未

※有辰無戌者孤，有戌無辰者祿。（婦人總訣）

甲辰
戊辰
日主　己巳
戊辰

※干頭戊己土重，心內玲瓏難發越。（崖泉賦）

戊午
戊午
日主　甲戌
己巳

※無官見合，晚婚。

癸酉

辛酉
日主　庚辰
乙酉

※時日孤沖。（婦人總訣）

甲寅
庚午
日主　己巳　孤
乙亥　沖

※陽傷官入墓，地老天荒。（崖泉賦）

甲申
戊辰　傷墓
日主　庚子

己卯

※癸日女命，見亥酉交際。（崖泉賦）

甲寅
乙亥
日主　癸酉
正官　戊午

※多官帶合，感情困擾。

戊戌
正官　乙卯　正官
日主　戊戌
正官　乙卯　正官

※夫星月堤絕位墓，老困嬌娘。

癸丑

辛酉　官絕

日主　戊午

正官　乙卯

※陽刃重見者孤。

丁酉

丙午

日主　丙午

甲午

※傷官坐刃，依他人謀生。

甲戌

丁卯

日主　甲子

辛未

※三干合一干，傾國傾城。

庚辰

乙酉

日主　乙酉

乙酉

※日刃坐殺，不偏房亦孤。

乙酉

七殺　戊子

日主　壬子　刃

甲辰

※亥多姿，巳多慾。

癸亥

丁巳

日主　丁巳

辛亥

※傷官格，奪夫之權。

戊寅

傷官　辛酉

日主　戊申

壬戌

※純陽純陰，妨子息。

乙未

辛巳

日主　丁酉

辛丑

※夫星坐桃花，忌重見。

甲辰

丁卯

日主　庚戌

己卯

※貴人驛馬同柱，一生多變遷。

己卯

丙寅　貴人馬
日主　庚申
　　　丁丑

※官殺混雜支帶合，女命不吉。
七殺　庚午
正官　辛巳
日主　甲午
　　　丙寅

※日、月干支雙合，婚姻困擾。
　　　乙亥
　　　甲申
日主　己巳

乙亥

※正官貴人多，名女人之命。

己未　貴人
正官　乙亥
日主　戊子
正官　乙卯　正官

※會合過多，社交甚忙。

癸未
乙卯
日主　癸亥
甲寅

※比劫坐桃花，不吉。

戊子
乙卯
日主　甲午
壬申

※正官當令被制，不吉。

戊戌
正官　辛酉
日主　甲子
傷官　丁卯

※驛馬逢沖刑，語多變卦。

戊申

甲寅　驛馬

日主　丙申

癸巳

※四孟全，女命不佳。

己巳

丙寅

日主　戊申

癸亥

※四庫齊，女命不佳。

辛丑

戊戌

日主　甲辰

辛未

※四柱沖刑，女命不吉。

甲子
庚午
日主　丙寅
丙申

※四正全，不吉。

丙子
甲午
日主　乙卯
乙酉

※四正日子午卯酉時，不吉。

甲子
甲戌
日主　甲子
丁卯

※三合一，感情困擾。

癸卯
乙卯
日主　庚戌
乙酉

※生年日同，女命不吉。

甲午

丁卯
日主　甲午
壬申

※女命不宜魁罡日，聰智練達過人。

庚戌
庚辰
日主　壬辰
戊戌

※比劫同柱，爭夫。

劫財　乙酉
比肩　甲申
日主　甲子

劫財　乙丑

※比肩坐空亡，不利夫星。

甲子

丙寅

日主　甲寅

乙亥

※偏印並位，晚婚。

偏印　甲子

甲戌

日主　丙寅

庚寅

※壬癸日支見申子辰，心性不定。

戊申

丙辰

日主　壬子

庚子

※女命四柱，忌無官星。

甲子

丙寅

日主　甲寅

丁卯

※傷官陽刃，感情困擾。

乙酉

己卯
日主　壬子
癸卯

※正印過多，妨母。

正印　己丑
正印　己巳
日主　庚午
正印　己卯

※日坐偏印，感情困擾。

甲子
壬申
日主　癸酉　偏印

丙辰

※月令正印專位，妨長子。

戊申

正印　乙卯　正印

日主　丙戌

乙未

※正印、七殺、陽刃全。

癸未

正印　乙卯

日主　丙午　陽刃

七殺　壬辰

※正官坐傷官，多損害。

庚申
正官 戊寅 傷官
日主 癸巳
傷官 甲寅

※年財月印，女妨母家。

正財 庚寅
正印 甲申
日主 丁丑
乙巳

※偏印陽刃，女命妨婚姻。

甲申

甲戌

日主　丙午

甲午

※偏財坐比肩，父居他鄉。

庚申

偏財　己卯

日主　乙卯

丁丑

※天干並見官殺，感情困擾。

己亥

正官　辛未

日主　甲辰

七殺　庚午

※四見七殺，成婚他鄉。

七殺　戊辰
七殺　戊午
日主　壬子
七殺　戊申

※沖合並見，是非忙碌。

乙未
庚辰
日主　甲戌
丁卯

※桃花，女命忌合。

壬午
壬寅
日主　庚戌
己卯

※亥子重逢，不利親。

壬子
壬子
日主　癸亥
壬子

※正官坐陽刃，慎夫緣。

丙子

正官　丁酉　陽刃
日主　庚申
正官　丁丑

※七殺無制，不吉。

七殺　庚申
七殺　庚辰
日主　甲子
　　　癸酉

※陽刃逢沖，意外之災。

　　　甲子
　　　庚午
日主　甲子

※食神陽刃，職業之命。

丁卯
甲寅
庚午
日主 戊子
戊午

國家圖書館出版品預行編目資料

教你學懂八字：四柱八字輕鬆學／游焙楠著.
－－第一版－－臺北市：知青頻道出版；
紅螞蟻圖書發行，2021.10
面　；　公分－－(Easy Quick；178)
ISBN 978-986-488-220-5（平裝）

1.命書

293.1　　110014595

Easy Quick 178
教你學懂八字：四柱八字輕鬆學
作　　者／游焙楠
發 行 人／賴秀珍
總 編 輯／何南輝
校　　對／周英嬌、游焙楠
美術構成／沙海潛行
封面設計／引子設計
出　　版／知青頻道出版有限公司
發　　行／紅螞蟻圖書有限公司
地　　址／台北市內湖區舊宗路二段121巷19號（紅螞蟻資訊大樓）
網　　站／www.e-redant.com
郵撥帳號／1604621-1　紅螞蟻圖書有限公司
電　　話／(02)2795-3656（代表號）
傳　　真／(02)2795-4100
登 記 證／局版北市業字第796號
法律顧問／許晏賓律師
印 刷 廠／卡樂彩色製版印刷有限公司
出版日期／2021年10月　第一版第一刷

定價 360 元　港幣 120 元

ISBN 978-986-488-220-5　　Printed in Taiwan